Sumário

Vislumbre/Horóscopo do Brasil 2020

Teremos em 2020 um ano regido pelo Sol, que na Astrologia mundial representa o poder dos governantes e as autoridades de um país. Assim, eles estarão aptos a governar com mais consciência, capacidade de direção e sustentação de valores que sejam benéficos à população em geral. Certamente haverá desafios que só serão superados com muito esforço, união, responsabilidade, trabalho e resiliência por parte de todos. A seguir, veremos com mais detalhes a dinâmica astrológica do mapa do Brasil para esse período.

Em relação ao mapa da Revolução Solar do Brasil para este ano, é possível observar a predominância do elemento terra, com os signos de Virgem e Capricórnio muito ativados. Essa característica aponta a possibilidade de um ano positivo para mais obras estruturais e também para a reorganização das economias interna e externa.

Políticas de Estado, ou seja, de longo prazo, poderão ser implementadas com êxito nas áreas de energia, educação, segurança, agronegócio e mobilidade, tendo em vista o extraordinário potencial de nossas riquezas naturais e a dimensão continental do Brasil.

No dia 7 de setembro de 2019, o Ascendente da Revolução Solar do Brasil estava voltado para o signo de Libra, que é regido por Vênus. Nessa carta (2019), o Sol está entrando na décima segunda casa, ao lado de Marte, ambos no signo de Virgem. Esses dois planetas estão associados a forças dinâmicas tais como coragem, força, direção de vida, brilho, determinação para seguir adiante. Estão em trígono com Saturno em Capricórnio, que adentra a quarta casa do mapa do Brasil, bem próximo ao planeta Plutão. Esse ângulo positivo indica a possível continuidade de ações governamentais voltadas para a infraestrutura em geral, e que tenham resultados em médio e longo prazos. A quarta casa está associada às origens de um povo, a seus antepassados, seus valores essenciais, suas tradições culturais. Desse modo, o trígono entre esses dois planetas com Mercúrio em Virgem deve fomentar e estimular a valorização da nossa cultura, a interação entre um número maior de brasileiros, possivelmente por meio do turismo.

Mercúrio, além do turismo, também representa o aprendizado, as escolas, o ensino fundamental, os meios de comunicação, a mobilidade urbana, a produção literária; nesse sentido, poderemos presenciar mais investimentos em todas essas áreas. Plutão, na mitologia greco-romana, sempre esteve associado à fertilidade agrária, à vida que está no subsolo, onde se encontram as jazidas minerais e o petróleo. Sendo assim, é bastante provável que o agronegócio e a mineração continuem a crescer e ser um fator de sustentação positiva na nossa economia.

Vênus, também no signo de Virgem, em bom ângulo com Plutão ratifica essa possibilidade de prosperidade e de maior organização na área econômica, além da atração de investimentos externos e da valorização da moeda brasileira.

O Sol da Revolução ainda faz oposição a Netuno, que vem marcando um ciclo de instabilidades na vida política durante os últimos dois anos, ao longo dos quais os extremos ideológicos têm sido motivo para conflitos. Agora, porém, esses conflitos tendem a arrefecer.

Mercúrio também faz essa mesma oposição, indicando que a busca da população por transparência na atuação da classe política persiste, e que as sequelas da corrupção não serão solucionadas em curto espaço de tempo. Os problemas da alta criminalidade e da falta de segurança dos brasileiros permanecem relevantes. Urano está no signo de Touro e faz trígono com a Lua em Capricórnio, indicando inovações tecnológicas que favoreçam o trabalho no campo, a agricultura familiar, e soluções mais estruturadas e frutíferas para a questão da falta de água na região Nordeste do país.

O signo Ascendente da Revolução Solar está na cúspide da casa IX do mapa do Brasil. Esse posicionamento, assim como o sextil entre Sol, Marte e o Nodo Lunar da Revolução, que também ocupa essa casa, pode significar avanços na diplomacia e mais investimentos para universidades, o que propiciaria um intercâmbio cultural mais fértil do Brasil com países estrangeiros.

TRÂNSITOS DO BRASIL PARA 2020

Neste ano, ainda teremos o trânsito de Plutão em sextil com o Meio do Céu, além do trígono com Mercúrio, que atuará em janeiro e fevereiro, voltando em meados de junho e terminando no mês de dezembro. A probabilidade é que haja transformações positivas no Poder Executivo, que, com maior capacidade de planejamento, produzirá ações mais integradas, positivas, eficientes e organizadas.

Poderá haver melhoras no setor produtivo, mais oferta de empregos, mais investimentos internos e externos, além da expansão no comércio. A área cultural e artística também pode ter mais destaque nesse período. Mercúrio está associado aos meios de comunicação, que tendem a se posicionar de forma mais realista e criteriosa em relação à vida do país. O poder e a rapidez das informações nas redes sociais se mantêm fortes; a população está mais atenta e consciente de sua participação na vida política do país.

Em janeiro teremos ainda Saturno em trígono com Mercúrio em Virgem no mapa do Brasil. Esse trânsito também é benéfico para a economia, o comércio e oportunidades em geral, e para ações voltadas à infraestrutura, que podem significar investimentos em aeroportos, rodovias e ferrovias – tudo o que possibilita o deslocamento da população –, e saneamento básico, fundamental para a saúde de todos.

Em janeiro teremos também o trânsito positivo de Júpiter sobre o planeta Saturno do mapa radical do país, podendo representar um ordenamento jurídico mais atualizado e eficiente, que auxilie a expansão e o crescimento da economia, assim como investimentos em obras estruturais. Positivo ainda para políticas públicas mais realistas e adequadas ao bem-estar dos idosos.

Desde novembro de 2019, vimos que Urano em Touro fez um trígono com Netuno do mapa do Brasil, e esse aspecto vai até o início de março de 2020. Observamos que ele estava relacionado a um desejo de mudança e quebra de ideias e paradigmas, tendo assim possibilitado a redefinição da classe política – uma ruptura com valores já muito desgastados na visão da opinião pública. Netuno está na casa XI do mapa do Brasil, que representa o Congresso Nacional. Isso deve indicar ações mais consistentes e adequadas aos anseios da nação, que giram em torno de renovação e esperança. Esse ciclo pode apontar para o crescimento do país dentro de um modelo de economia mais liberal, transparência na implementação de leis mais voltadas à realidade da economia global e a reformulação do *modus operandi* político, crucial para que a classe política recupere sua credibilidade.

Em janeiro de 2020 temos um trânsito que já aconteceu também em 2019 e continua ativo no início desse ano – Urano em trígono com Urano e oposição ao Marte do mapa do Brasil. Urano também está na casa XI do mapa do país, associado ao Poder Legislativo. Esse aspecto acentua o ciclo anterior, sendo um indício do surgimento de novas lideranças políticas cujas propostas de leis estão voltadas para ações mais progressistas e democráticas. Podemos ter um momento de expansão também na atividade industrial e no setor de tecnologia e aeronáutica, que tende a se tornar mais moderna e competitiva. As questões de criminalidade, fronteiras e violência urbana ainda afetam a segurança das pessoas, exigindo ações mais efetivas e defensivas do Estado.

Em fevereiro de 2020, Júpiter fará um trígono com o Sol do Brasil, confirmando esse ciclo de crescimento. Momento muito positivo para o aumento da autoestima da população, pois há um clima de otimismo, de mais confiança na vida social e política, de bons resultados provenientes da diplomacia e do comércio exterior. Eventos internacionais e a ação mais eficaz do Judiciário tendem a melhorar a imagem do país no estrangeiro.

Em março, Júpiter fará sextil com o Meio do Céu e trígono com Mercúrio no mapa do Brasil, e esse trânsito se repetirá em junho, julho e novembro de 2020, representando tendências de incremento na área de comunicação e também na produção literária, com bons resultados na área econômica e geração de empregos. É provável que observemos maiores investimentos e atenção aos setores de turismo e educação, e ao ensino fundamental – temas presentes também na Revolução Solar.

Saturno, ao entrar no signo de Aquário, fará um sextil com Plutão do mapa natal do Brasil em março e abril, retornando ao mesmo grau em dezembro de 2020 e adentrando o início de janeiro de 2021. Esse trânsito será promissor na busca de eficiência, produtividade e segurança na economia, além de promover novas políticas em relação ao setor petrolífero brasileiro. Valores mais conservadores e tradicionais devem marcar presença no cenário social e político.

Urano fará oposição a Saturno do mapa natal do país desde o início de junho até final de outubro de 2020. Apesar das grandes chances de desenvolvimento geral para o Brasil, esse ciclo pode significar lentidão na implementação de reformas e mesmo oposição a elas, ou seja, velhas estruturas precisam ser reformuladas, mas isso não será feito rapidamente. Além disso, muita atenção ainda deverá ser despendida com a questão da violência no país.

Previsões astrológicas por signo em 2020

Nesta seção, você encontrará as características de cada um dos doze signos do Zodíaco e também as previsões astrológicas para cada um deles.

Até a edição de 2015, optamos por usar o cálculo das lunações, que é feito no dia da Lua Nova, quando o Sol e a Lua se encontram no mesmo grau de um mesmo signo. A lunação permite uma visão mais geral do mês, que é justamente um ciclo inteiro da relação entre o Sol e a Lua. A partir de 2016, optamos por fazer as previsões mensais divididas em ciclos de dez em dez dias, o que também permite uma orientação mais detalhada.

Em trinta dias há toda uma movimentação planetária, em especial dos planetas mais rápidos, que será levada em conta para facilitar a compreensão do leitor. Em resumo, as duas técnicas de interpretação, trânsitos e lunações, estão sendo analisadas em paralelo, mas a forma de apresentação ficará diferente. Vale salientar que essas previsões são de caráter genérico e que informações de âmbito individual exigem a elaboração de um horóscopo personalizado.

Esse fato faz com que as interpretações aqui expostas e as do *Guia Astral* por vezes pareçam contraditórias entre si; no entanto, elas são complementares.

ÁRIES 21 de março – 20 de abril

EU QUERO
Iniciativa – Coragem – Assertividade
Impulsividade – Liderança – Paixão

- **Personalidade:** Como o primeiro signo do zodíaco, Áries veio para ser o pioneiro, abrir caminhos (seguindo seu instinto natural), encontrar formas inovadoras de fazer as coisas e mostrar que mudar é bom! Seu objetivo é vencer, ser o melhor naquilo em que se identifica, e sua energia se intensifica nas adversidades, que, para ele, podem ser uma excelente oportunidade de crescimento. Para isso, é importante aprender a superá-las com sabedoria, desenvolvendo a paciência e a ponderação. Assim, uma possível raiva e impulsividade podem se transformar em ferramentas para ajudar o ariano a conquistar seu objetivo com mais facilidade, sem deixar rastros de destruição pelo caminho e desperdício de energia.

- **Profissão:** A força ariana, independente, corajosa e dinâmica, faz com que seja mais desafiador trabalhar em equipe, a não ser que seja ela quem dite as regras desse jogo. São ótimos líderes e perfeitos para empreender, pois uma vez que botam uma ideia na cabeça, ninguém tira, mostrando grande determinação para colocar as ideias em prática. Por ter Marte como seu planeta regente, pode haver uma interessante habilidade de manipular instrumentos cortantes, tornando as profissões de cirurgião e dentista boas opções, além de atividades que exijam força física, como a de um atleta profissional.

- **Amor:** Para os arianos, a melhor parte do amor está na conquista! A excitação está em fazer a pessoa se interessar por ele e pode ser que, quando esse objetivo é atingido, boa parte da empolgação e do desejo se vá. Por isso, é possível que muitas vezes ele se apaixone por pessoas que aparentam ser indisponíveis de alguma forma. Quando realmente envolvidos com alguém, são românticos e vivem a paixão com muita intensidade. Para manter o ariano empolgado, é necessário não permitir que o relacionamento caia na rotina. E para aqueles que desejam conquistar seu coração, jamais tente controlar ou limitar sua liberdade. Muito menos compará-lo com outra pessoa. A individualidade é algo crucial para o ariano.

- **Saúde:** A cabeça é a região do corpo associada ao signo de Áries, portanto problemas nessa região podem ser frequentes na vida de um ariano, gerados principalmente pela irritação, como dor de cabeça, enxaqueca, febre, dor de dente e, para a surpresa de alguns, a calvície e outros problemas capilares podem atingir os nativos desse signo. Geralmente, um pouquinho de estresse até os anima, mas, em excesso, essa tensão gera incômodos digestivos. Meditação, atividade física e a prática do autocontrole ajudarão bastante a direcionar esse fogo de forma saudável.

- **Personalidade do signo e frase:** Ayrton Senna – "O importante é ganhar. Tudo e sempre. Essa história que o importante é competir não passa de demagogia."

Previsões para 2020

De 1º a 10 de janeiro: Neste ciclo você terá muita energia e disposição para iniciar novos projetos. O Sol em sextil com Netuno torna o período excelente para cuidar da saúde, fazer seus exames anuais e rever hábitos alimentares. O contato com o mar seria revitalizante.

De 11 a 20 de janeiro: É interessante colocar seu ano em perspectiva, seja nos estudos, na vida profissional ou em relação a qualquer coisa que seja relevante em seu aprimoramento como ser humano. Vênus e Urano em harmonia podem significar boas notícias no setor financeiro; aproveite bem.

De 21 a 31 de janeiro: Não faça drama em função de contratempos amorosos, pois tudo tem sua razão de ser. Crises são oportunidades que a vida traz para que você possa repensar novas formas de relacionamentos. Que tal agir com mais liberdade e desapego?

De 1º a 10 de fevereiro: Agora que a tempestade afetiva se foi, você se sente mais maduro e confiante em relação à pessoa amada. O passado é passado, e cabe a você usufruir as experiências de maneira mais positiva, sejam elas boas ou difíceis. A vida social está em alta.

De 11 a 20 de fevereiro: Neste ciclo, o sextil entre Júpiter e Netuno sinaliza um bom momento para a introspecção. Ótimo para boas leituras, contato com pessoas espiritualizadas, ou para aprender técnicas de relaxamento ou meditação. Com o calor da estação, invista em uma alimentação mais leve.

De 21 a 29 de fevereiro: Marte em Capricórnio faz trígono com Urano, impulsionando seu êxito profissional. Hora propícia para fazer bom uso da tecnologia; fique de olho nas novidades e não tenha preguiça de aprender novos recursos, que muito vão ajudá-lo.

De 1º a 10 de março: Vênus em Touro ao lado de Urano ativa seu setor financeiro, gerando facilidades ou oportunidades para que você manifeste mais seu lado criativo e pragmático em relação a seus ganhos. Sua intuição poderá ajudá-lo a fazer novos investimentos.

De 11 a 20 de março: O planeta Mercúrio retoma sua posição direta e sinaliza mais movimentação na vida social. Sua mente está receptiva a novos aprendizados, e esse conhecimento se tornará um grande aliado para os desafios que você sonha para o futuro.

De 21 a 31 de março: Marte e Júpiter estão lado a lado, dando-lhe mais vontade e fé para que possa seguir adiante. Agora você avança de forma construtiva e saudável na vida profissional, exercendo uma liderança que deverá encantar a todos. Bom para investimentos em curto prazo.

De 1º a 10 de abril: Mercúrio faz bons aspectos com Plutão e Júpiter. Você agora pode direcionar suas ações com mais foco e obstinação. Os resultados de seu empenho logo chegarão, mas não esqueça que o pensamento positivo tem um poder extraordinário.

De 11 a 20 de abril: Obstáculos e contrariedades podem surgir, e não dependem de sua vontade para serem resolvidos – procure aceitar aquilo que não pode ser mudado. No entanto, a confiança de que o melhor ainda virá será fundamental e decisiva no encaminhamento das coisas.

De 21 a 30 de abril: Sol e Saturno indicam um ciclo de sobrecarga de responsabilidades. Seria sábio de sua parte delegar algumas funções aos outros, pois o estresse é sempre um fator de complicação a mais. Cultive a paciência.

De 1º a 10 de maio: Nestes dias, você poderá viver uma dicotomia entre emoção e razão. No plano afetivo, procure perguntar-se: quais são meus desejos? Será que eles estão de acordo com aquilo que é realmente essencial para a minha vida? Pare e pense melhor nessas questões.

De 11 a 20 de maio: Sol em Touro faz bons aspectos com Júpiter e Plutão. Neste ciclo, você poderá conduzir sua vida e seus interesses com mais confiança e obstinação. Como está mais consciente de seu poder pessoal, pode decidir as coisas de maneira assertiva e segura.

De 21 a 31 de maio: Sol, Mercúrio e Vênus expandem sua capacidade de comunicação e aprendizado. Os conhecimentos acumulados no passado também serão de grande valia para o momento presente. É provável que seus projetos se voltem mais para a coletividade.

De 1º a 10 de junho: Contrariedades ou decepções com pessoas próximas podem deixá-lo ressentido. Sol e Marte em tensão sinalizam que toda a paciência e tolerância serão necessárias para contornar certos conflitos com mais estratégia e diplomacia.

De 11 a 20 de junho: Uma atmosfera um pouco nebulosa e a falta de clareza sobre as intenções alheias podem persistir. As soluções não dependem de suas decisões, muito pelo contrário: é preciso esperar o tempo passar. O que tiver de ser revelado logo virá à tona.

De 21 a 30 de junho: Júpiter em conjunção exata com Plutão atua em sua vida profissional. O planeta Vênus está em movimento direto e, assim, a interação social fica bem facilitada e prazerosa. Esse clima de harmonia favorece seu bem-estar físico. Nada de exagerar na alimentação.

De 1º a 10 de julho: Urano e o astro-rei ativam o setor doméstico; bom ciclo para renovar ou reformar sua casa, deixando-a mais bonita e adequada às suas necessidades. Mercúrio movimenta positivamente seus negócios e contatos, em especial os realizados por intermédio das redes sociais.

De 11 a 20 de julho: O planeta Netuno está em Peixes e recebe bons aspectos do Sol, de Júpiter e de Mercúrio. Oportuno para tirar férias, descansar ou mudar de ares. A mesmice da rotina precisa ser quebrada, pois fará bem ao espírito. Ouvir boa música também é uma boa pedida.

De 21 a 31 de julho: Este continua a ser um período ótimo para você viajar, conhecer lugares novos e pessoas interessantes. A vida cultural está prometendo, e a vida amorosa não fica atrás. Deixe a timidez de lado e saia da toca; você pode se surpreender.

De 1º a 10 de agosto: O céu planetário exige de você mais jogo de cintura e ponderação nas palavras. Evite levar discussões para o lado pessoal, entendendo que as divergências são só de ideias, nada mais do que isso.

De 11 a 20 de agosto: O planeta Marte está em seu próprio signo, Áries, e sua energia de ação está mais evidente. É muito relevante direcioná-la para propósitos mais definidos. Mas não deixe de investir também em seu lazer e descanso.

De 21 a 31 de agosto: O Sol está em Virgem, entrando no seu setor de trabalho, o que deve estimular suas motivações; você está mais animado com os bons resultados que surgem. Mercúrio e Urano incentivam sua criatividade e intuição.

De 1º a 10 de setembro: Sua produtividade continua em evidência, e o seu trabalho acaba sendo fonte de prazer e alegria. Boas notícias ou convites podem significar reconhecimento pelo seu esforço.

De 11 a 20 de setembro: O ciclo de prosperidade no trabalho permanece, e agora você está confiante e sabe do seu valor. O único cuidado deve ser com o excesso de vaidade, que pode ter como consequência conflitos de interesse e competição exagerada.

De 21 a 30 de setembro: Mercúrio em Libra está bastante pressionado no céu planetário. Cabe a você mais cuidado com tudo o que diz, pois a sinceridade exagerada está longe de ser uma virtude. Não assuma responsabilidades em excesso; haverá dificuldades em finalizá-las.

De 1º a 10 de outubro: O estresse é sempre uma resposta, uma reação física ou psíquica aos eventos do cotidiano. Seria interessante diminuir seu ritmo de vida. Mude os hábitos, deixe o carro em casa, ande mais a pé, visite lugares desconhecidos. Tudo isso lhe fará bem.

De 11 a 20 de outubro: Seu corpo ainda está precisando de energia vital. Você pode optar por alimentos mais naturais e evitar o excesso de açúcar. Modere as atividades físicas, dando preferência a massagens, acupuntura ou relaxamento. Você é a sua prioridade.

De 21 a 31 de outubro: Vênus faz bons aspectos com Saturno e Plutão, favorecendo atividades de lazer, artísticas e culturais. A vida amorosa deve ficar mais emocionante e profunda, o que sempre é um bom estímulo para seu espírito inquieto.

De 1º a 10 de novembro: Saturno e Mercúrio em tensão vão exigir muito da sua capacidade de concentração e perseverança. Pode haver tendência a atrasos no cumprimento daquilo que esperava; não se culpe por nada. Evite assinar documentos de venda ou compra.

De 11 a 20 de novembro: A Lua Nova é uma fase propícia para semear projetos e ideias de seu interesse. Nesta fase será interessante planejar uma viagem para as férias ou de final de ano, colocando seu bem-estar e seu lazer como prioridades.

De 21 a 30 de novembro: Momento perfeito para se voltar a si mesmo e refletir mais sobre o que deseja, avaliando o que já conseguiu e o que ainda gostaria de alcançar. É como um mergulho existencial, que sempre faz bem e renova as energias psíquicas.

De 1º a 10 de dezembro: Saturno e Mercúrio tornam este ciclo auspicioso para investir mais em conhecimento, e que seja algo produtivo em seu trabalho. Ótimo para encontrar amigos de longa data e desfrutar de boas recordações. Fique atento ao excesso de alimentos ou bebidas alcoólicas.

De 11 a 20 de dezembro: O trígono entre Sol e Marte coloca em evidência seu desejo por autonomia, com o qual você poderá direcionar sua ambição e perseverança. Essa atitude acabará por atrair aquilo que está precisando. Pratique mais esportes e atividades físicas; deixe a preguiça de lado.

De 21 a 31 de dezembro: Você tem muito a comemorar: o céu planetário sinaliza uma grande capacidade de renovação. O amor-próprio é uma conquista importante, sem dúvida; nada como estar feliz consigo mesmo. Essa é uma alegria que ninguém pode tirar de você.

TOURO

21 de abril – 20 de maio

EU TENHO

Persistência – Paciência – Estabilidade
Sensualidade – Segurança – Preservação

- **Personalidade:** A necessidade de segurança e estabilidade (financeira e afetiva) faz parte da essência taurina. Ela tende a confiar somente naquilo que é palpável e tem um embasamento lógico. Em geral, o taurino é doce, tranquilo e tem um toque único e charmoso na sua personalidade (em razão de sua regência venusiana). Ele gosta da paz, do conforto e precisa se atentar a uma dinâmica dual. Às vezes, pode tender mais para uma forma mais calma, delicada, determinada e usa seu poder de sedução e criação para conseguir o que deseja. Por outro lado, pode vir a ficar o dia todo deitado no sofá, comendo, passeando pelas redes sociais ou assistindo à televisão, passivo e inerte ao que acontece à sua volta. Para os taurinos é importante trabalhar o desapego, a flexibilidade e a disciplina, fazendo as coisas no próprio ritmo, sem pressa, mas com firmeza. Sair da zona de conforto e mudar é necessário e bem-vindo. Afinal, a mudança é a única constante na vida e o maior dos desafios para um dos signos mais cabeça-dura do zodíaco.

- **Profissão:** Seu interesse por uma boa comida pode abrir as portas para ser um chef de cozinha ou gerenciar um restaurante. Sua capacidade de transformar os sonhos em realidade permite que o taurino seja ótimo em produzir, organizar e gerenciar diversos negócios. Sem contar que o seu senso de estética natural pode transformá-lo em um estilista, fotógrafo, esteticista, maquiador, arquiteto e tudo mais que envolva o universo da arte e da beleza, pois esse signo é regido pelo planeta Vênus. As áreas financeira e imobiliária também podem ser de grande sucesso.

- **Amor:** Para se sentir seguro, o taurino precisa ter certeza de que a outra pessoa de fato gosta e quer estar com ele. Aí sim ele vai em frente, age e coloca para fora seu lado romântico e sensual. O contato físico é extremamente importante para esses filhos de Vênus, que apreciam como ninguém tudo o que envolva os cinco sentidos, uma vez que essa é uma das formas de ele compreender e demonstrar seu amor. É importante ressaltar a necessidade de se trabalhar interiormente e estimular a própria autoconfiança. Desequilíbrios emocionais tendem a se manifestar fortemente aqui em apego, ciúme e possessividade.

- **Saúde:** O taurino, mais do que ninguém, sabe apreciar os momentos de prazer e conforto, mas como qualquer um de nós também está exposto ao estresse e às responsabilidades. O excesso de trabalho, a inércia e os sapos engolidos podem lhe trazer complicações na garganta, torcicolo e problemas na tireoide. A falta de exercícios físicos, somada ao seu bom apetite, pode acarretar obesidade, então é bom deixar a preguiça de lado e se mexer!

- **Personalidade do signo e frase:** Audrey Hepburn – "Pessoas, muito mais que coisas, devem ser restauradas, revividas, resgatadas e redimidas: jamais jogue alguém fora."

Previsões para 2020

De 1º a 10 de janeiro: O planeta Netuno recebe vários aspectos neste ciclo, o que o torna favorável ao estudo de valores espirituais ou místicos, e à prática de meditação, yoga e relaxamento. Sua visão mais abrangente e compassiva pode transformar aqueles que estão à sua volta.

De 11 a 20 de janeiro: Um forte *stellium* se dá no signo de Capricórnio, que pertence ao elemento Terra. Esse posicionamento facilita a realização dos ideais do ciclo anterior, ou seja, faz aquilo que parece abstrato tornar-se viável no cotidiano. Não adie decisões importantes.

De 21 a 31 de janeiro: Vênus em Peixes faz sextil com Júpiter em Escorpião. Esse aspecto é uma bênção para sua vida amorosa, em que a cumplicidade e o respeito pelo outro se fazem mais presentes. Mesmo com conflitos passageiros, tudo é passível de harmonia.

De 1º a 10 de fevereiro: Este é um ciclo bem ativo de Vênus, que recebe aspectos da Lua, de Saturno e de Plutão. As parcerias podem ser produtivas, especialmente se suas metas forem de longo de prazo. Vênus também indica ventos favoráveis para a área do amor; vá à luta.

De 11 a 20 de fevereiro: Neste ciclo, temos no céu um sextil entre Netuno e Júpiter. Esses dois planetas estão ligados à espiritualidade, aos sonhos, ao misticismo e à busca pelo que é transcendente. Excelente para investir em conhecimentos dessa natureza.

De 21 a 29 de fevereiro: Momento favorável para iniciativas acertadas; você está a mil por hora, e seu processo criativo não deve ser desperdiçado. Sol e Urano despertam seu interesse por novidades tecnológicas e a necessidade de conhecer pessoas diferentes; siga sua intuição.

De 1º a 10 de março: Saturno em aspecto difícil com Vênus pode ser um indício de que é tempo de terminar um ciclo no qual frustração ou sofrimentos por amor não têm mais razão de ser. Dê a si mesmo permissão para renovar o que está desgastado ou então para partir em busca de outras experiências.

De 11 a 20 de março: Mercúrio está voltando ao movimento direto e, assim, impulsiona a retomada de contatos, negócios ou compromissos que estavam emperrados. Sua determinação e sua perseverança serão determinantes para o êxito de novos empreendimentos.

De 21 a 31 de março: Marte e Júpiter juntos em Capricórnio concentram energias de coragem e otimismo para alcançar suas metas. Não olhe para o passado nem para aquilo que não deu certo. Os vencedores também conheceram tempos difíceis, esteja certo.

De 1º a 10 de abril: Mercúrio e Vênus propiciam alegria e satisfação aos encontros sociais. A Lua está em fase crescente, e você se sente mais leve e disponível para sair e se divertir, deixando de lado as preocupações do cotidiano. Quer coisa melhor?

De 11 a 20 de abril: A fase de mais interação social, trocas e aprendizado continua em alta. É possível que o Cupido entre em ação; trate de não se esconder na sua timidez. O mais importante é deixar os prejulgamentos de lado e guardar opiniões fechadas na gaveta; viva o agora.

De 21 a 30 de abril: Neste ciclo, todo cuidado é pouco com a sinceridade excessiva, que pode soar como agressividade, ainda que não seja essa a intenção. Na dúvida, recue e busque situações alternativas para reequilibrar conflitos de ideias.

De 1º a 10 de maio: Agora está mais fácil a comunicação com todos; os desentendimentos já se dissolveram. Todo tipo de relacionamento demanda boa vontade e tolerância. Essa percepção torna-se cada vez mais clara e vai pavimentando um caminho de maturidade em sua vida.

De 11 a 20 de maio: O Sol está fazendo aspectos harmônicos com Júpiter e Plutão no céu planetário. Esteja mais consciente de seu poder pessoal e atue de maneira positiva e generosa, pois aquilo que doa por prazer acaba voltando para você.

De 21 a 31 de maio: As experiências feitas no passado podem agora ser aplicadas à sua prática profissional. Essa segurança lhe dá força para continuar avançando, e os frutos virão com o tempo; não queira acelerar o ritmo dos acontecimentos, pois tudo caminha bem.

De 1º a 10 de junho: Marte e o Sol estão em ângulo desarmônico, o que pode significar ações impensadas, ansiedade não produtiva ou falta de foco naquilo que está fazendo. Olhe para dentro e faça uma reflexão, pois procurar por culpados será inútil e inoportuno.

De 11 a 20 de junho: Júpiter e Plutão estão ativando o setor de viagens, filosofia e conhecimento. Ambos fazem sextil com Marte e ampliam o leque de seus interesses e motivações. Procure estar com amigos, encarar desafios ou criar novos projetos de vida.

De 21 a 30 de junho: Permaneça firme em seus propósitos, pois está semeando novas estruturas para o futuro. É importante perseverar e saber que dificuldades sempre surgem, a despeito de suas boas intenções. Na verdade, são elas que promovem o fortalecimento psicológico.

De 1º a 10 de julho: Agora você se sente mais livre e desimpedido para o que for necessário em sua vida, seja no trabalho ou na vida pessoal. Momento auspicioso para oxigenar a mente, viajar e se aventurar em paisagens ainda desconhecidas. Invista em conhecimento de tecnologia.

De 11 a 20 de julho: Este período pode ser marcado por excessos ou extravagâncias na área financeira. Aceite as críticas vindas de pessoas próximas, pois seu orgulho não será um bom conselheiro. Excelente ciclo para cuidar da saúde; faça exames ou consultas, se for o caso.

De 21 a 31 de julho: Preste atenção caso surjam fofocas ou intrigas que visem desqualificar seu desempenho no trabalho. Mantenha a dignidade e a cabeça erguida. Não se torne refém, nem aceite fofocas, de pessoas que não torcem por você.

De 1º a 10 de agosto: É comum ficar desanimado com notícias ruins, especialmente quando as expectativas são muito altas. Este ciclo exige ponderação e diplomacia, mas tenha em mente que com mais tolerância e paciência tudo vai se organizando pouco a pouco.

De 11 a 20 de agosto: Sol e Mercúrio na casa da família sugerem um momento favorável para receber pessoas queridas em sua casa. Você pode também tomar decisões favoráveis relacionadas a seu patrimônio familiar. Suas iniciativas serão apreciadas por todos.

De 21 a 31 de agosto: Mercúrio no signo de Virgem faz bom aspecto com Urano. Momento positivo para abrir sua mente a novas formas de interação que ampliem seu repertório intelectual. Preocupação com pessoas mais velhas podem exigir mais de seu tempo.

De 1º a 10 de setembro: A Lua Cheia intensifica a expressão de seus sentimentos; sua sensibilidade e sua imaginação estão a mil por hora. Porém, Sol e Urano em signos de Terra asseguram uma base sólida para a vida amorosa, que agora demanda planos ou compromissos.

De 11 a 20 de setembro: O Sol recebe bons aspectos neste período, estimulando sua criatividade e o desejo de deixar sua assinatura em tudo o que faz. Excelente momento para namorar e buscar em seu cotidiano a alegria de viver, prestando atenção a pequenos detalhes do dia a dia.

De 21 a 30 de setembro: A comunicação sempre acontece entre duas pessoas: uma que fala e outra que escuta. Certifique-se de que aquilo que deseja expressar seja o mais claro possível, pois há uma tendência à falta de objetividade nas palavras.

De 1º a 10 de outubro: Evite se envolver em brigas e polêmicas. Nestes dias, haverá a possibilidade de impetuosidade nos relacionamentos. A falta de paciência e o orgulho podem ser o gatilho para situações que rapidamente sairão do controle; vá com calma.

De 11 a 20 de outubro: Nem tudo está resolvido e equacionado de forma pacífica ou madura; os ânimos ainda andam acirrados. Tente aceitar o ponto de vista alheio, mesmo que diferente do seu. Saia, mude a paisagem do seu dia, foque naquilo que está dando certo.

De 21 a 31 de outubro: Aos poucos, a tempestade e as nuvens carregadas vão se dissipando. A mente fica mais leve, e as adversidades são menores. O contato com pessoas sábias e maduras coloca seu entendimento das coisas em uma perspectiva mais pacífica e confiante.

De 1º a 10 de novembro: Evite se preocupar com o ritmo do cumprimento das responsabilidades, uma vez que podem ocorrer atrasos, e eles não dependem de você. O jeito é ser flexível, dar prioridade ao que é essencial e remarcar compromissos adiáveis.

De 11 a 20 de novembro: A vida social tende a estar mais vibrante e movimentada. Você poderá iniciar relacionamentos produtivos e mostrar ao mundo sua capacidade empreendedora. Confie mais em seus recursos e talentos; este é o primeiro passo para atrair boas oportunidades.

De 21 a 30 de novembro: Este ciclo também é auspicioso para a ampliação de seus conhecimentos sociais, a fim de divulgar seu trabalho de modo mais sistemático. Lembre-se de que ser perseverante é a estratégia dos vencedores, pois só o talento não basta.

De 1º a 10 de dezembro: Vênus em harmonia com Netuno no céu sinaliza um ciclo de sintonia com o mundo espiritual e místico. Observe seus sonhos, confie em sua intuição, reserve mais tempo para estar em silêncio. Ouvir música de qualidade também é uma boa pedida.

De 11 a 20 de dezembro: Sol e Marte em signos de Fogo aceleram seu ritmo e tonificam seu espírito, tornando-o apto a ações produtivas. Exerça sua liderança com atitudes criativas e otimistas, uma vez que a fé sempre pode produzir resultados surpreendentes.

De 21 a 31 de dezembro: Mercúrio e Sol em conjunção indicam um momento positivo para viagens rápidas ou longas, que abram seu espírito à diversidade e à riqueza cultural. Tente modificar a rotina, exercitando a liberdade de fazer só aquilo que deseja, sem medo de ser feliz.

GÊMEOS — 21 de maio – 20 de junho

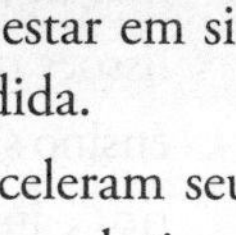

EU PENSO

Comunicação – Curiosidade – Versatilidade
Adaptabilidade – Astúcia – Amabilidade

- **Personalidade:** Os geminianos possuem uma mente ágil: as ideias que borbulham sem parar na sua cabeça e a inquietação, característica desse signo, vêm de uma curiosidade quase que insaciável por aprender algo novo. Há uma habilidade em fazer duas ou mais coisas ao mesmo tempo, encontrar soluções simples para problemas complicados e se adaptar de forma surpreendentemente fácil a mudanças! Com os olhos sempre brilhando em busca de novidades, curtem (e precisam) socializar, e têm o dom inato da comunicação. Principalmente por meio da palavra falada. É importante desenvolver firmemente seu foco e sua determinação para colocar as ideias em prática a fim de não ficar perdido em um mar de dúvidas que podem terminar em devaneios ou ideias superficiais.

- **Profissão:** Para o geminiano escolher apenas uma profissão seja desafiador, uma vez que possuem diversos talentos e se interessam por várias coisas diferentes. Vale a pena investir nos seus *hobbies* preferidos, fazer uma lista de prioridades e se manter sempre informado. Os geminianos acham muito limitador trabalhar com uma coisa só. Por isso é aconselhável que tenham mais de um emprego ou trabalhem com a mesma área, mas de formas diferentes, trazendo assim diversidade para a sua vida. Profissões que trabalhem com comunicação, informação, pessoas, viagens e ensino são bem-vindas, como jornalistas, escritores, professores, publicitários e influenciadores digitais.

- **Amor:** Sendo um signo de Ar, por vezes a mente geminiana pode acabar se sobressaindo em relação ao sentir do coração. Isso não significa que não haja paixão! Apenas é mais desafiador para os filhos de Mercúrio entrarem em profundo contato com as suas emoções. Num relacionamento, a atração vem pelas ideias, leveza e carisma da outra pessoa. É necessário que sua liberdade e sua individualidade sejam preservadas e que a conexão entre o casal seja intelectual (principalmente), dinâmica e divertida, sempre colocando em palavras o que sentem, pois é assim que irradiam sua paixão.

- **Saúde:** Sempre ocupado com inúmeras atividades e querendo aproveitar seu tempo da melhor maneira, pode acabar negligenciando a alimentação e o sono. O ideal é que o geminiano busque parar sua mente por um tempo, relaxar, fazer alongamentos e prestar atenção nas suas necessidades básicas para evitar problemas como ansiedade, fraqueza muscular, doenças nervosas e respiratórias. Meditação é algo altamente recomendável para os geminianos desacelerarem um pouco e levar uma vida melhor

- **Personalidade do signo e frase:** Angelina Jolie – "Onde quer que eu esteja sempre me vejo olhando pela janela desejando estar em outro lugar."

Previsões para 2020

De 1º a 10 de janeiro: O Sol e Mercúrio encontram-se em bom aspecto com Netuno em Peixes. Tal configuração torna este ciclo excelente para tudo o que quiser planejar e criar, como novas possibilidades no campo profissional. Dê asas à imaginação e siga confiante.

De 11 a 20 de janeiro: O momento é oportuno para colocar os pés no chão e tentar viabilizar o que precisa para os próximos passos. Boas ideias e sugestões devem ser acatadas, pois duas pessoas podem pensar melhor do que uma; esteja receptivo a tudo.

De 21 a 31 de janeiro: Excessos gastronômicos são corriqueiros em períodos de férias e tudo faz parte de tempos de descanso e relaxamento. No entanto, fique mais atento ao exagero no consumo de bebidas alcoólicas, o que normalmente afeta o sistema imunológico.

De 1º a 10 de fevereiro: É bem provável que a vida social e amorosa esteja em fase positiva. Aproveite como puder, procurando ver coisas belas e investindo seu tempo na vida cultural e artística. Amigos que moram fora do país podem aparecer.

De 11 a 20 de fevereiro: O sextil entre Júpiter e Netuno neste ciclo pode sinalizar que conhecimentos de natureza espiritual terão um impacto significativo em sua vida. A qualidade dos relacionamentos e a maneira de perceber a realidade podem se tornar mais refinadas.

De 21 a 29 de fevereiro: Marte e Urano estão ativados neste momento, o que significa um forte impulso de vitalidade e originalidade em suas decisões e motivações. Afinal, por que seguir sempre o mesmo roteiro? Não se preocupe com exageros, pois o resultado será positivo ao longo do tempo.

De 1º a 10 de março: Incertezas e indefinições na vida amorosa podem deixá-lo abatido e sem ânimo. Talvez seja chegada a hora de prestar mais atenção às demandas e solicitações da pessoa amada. Não permita que o orgulho tome as rédeas da situação.

De 11 a 20 de março: Aproveite bem o movimento direto de Mercúrio. Ponha seus documentos e pagamentos em dia, e organize seus livros ou agenda, caso esteja voltando ao trabalho ou aos estudos. Agora é possível planejar o ano, estabelecendo alguns objetivos; não procrastine.

De 21 a 31 de março: Mercúrio e Urano em harmonia podem promover uma oxigenação em suas ideias; permita-se pensar de maneira diferente dos outros. Muitos se destacam justamente por não seguirem o senso comum e questionarem aquilo que foi preestabelecido.

De 1º a 10 de abril: Vênus em Gêmeos faz um trígono com Saturno, que entrou em Aquário. Você pode experimentar o prazer de se relacionar com todos de forma mais jovial, livre e dinâmica, deixando espaço para o outro ser aquilo que ele realmente é.

De 11 a 20 de abril: Vênus está em seu signo solar em bom aspecto com Marte. Neste ciclo, os assuntos do coração estão em alta; abra as portas para o Cupido e deixe as coisas fluírem com mais naturalidade. Período excelente para atividades sociais ou humanitárias.

De 21 a 30 de abril: Não se aborreça demais com contrariedades ou atrasos naquilo que havia planejado para estes dias. Imprevistos fazem parte do cotidiano de todos e podem ser contornados com bom senso e jogo de cintura; tudo é passageiro.

De 1º a 10 de maio: Sol e Mercúrio estão em Touro, em harmonia com outros planetas. Esse posicionamento sugere capacidade de mais pragmatismo e eficiência na maneira de conduzir o dia a dia familiar. Bom também para investimentos financeiros.

De 11 a 20 de maio: Plutão e Júpiter estão bem posicionados no signo de Capricórnio, indicando novamente uma fase de realizações e mais competência para tocar seus ideais e propósitos imediatos. Você está mais seguro de seu valor e talentos; vá em frente.

De 21 a 31 de maio: Vênus e Mercúrio estão em seu signo solar, incrementando sua vida social, que também inclui as redes sociais. Aproveite para divulgar seu trabalho e suas habilidades. Esta é uma fase de maior visibilidade em relação ao público em geral.

De 1º a 10 de junho: A fase mais tranquila acabou, e você pode se irritar facilmente com aquilo que não está dando certo em casa ou no trabalho. Use a inteligência para contornar as contrariedades; tente ser mais diplomático e não procurar por culpados.

De 11 a 20 de junho: Intrigas ou mal-entendidos podem persistir, mas já estão passando. A autoconfiança e uma postura mais otimista serão determinantes nos próximos passos. Você poderá ter êxito em assuntos jurídicos caso precise acionar o mundo das leis.

De 21 a 30 de junho: Marte faz sextil com Júpiter. Agora você pode obter o reconhecimento de seus direitos. Com Mercúrio retrógrado no céu, é preciso mais atenção aos compromissos, remarcar ou adiar reuniões. Recuar também é uma estratégia para poder avançar novamente.

De 1º a 10 de julho: Neste momento, você estará apto a rever ou mudar sua maneira de ganhar dinheiro. Pode fazer investimentos em banco digitais, que vêm ganhando espaço e têm novas propostas. Bom também para jogar na loteria, pois a sorte está do seu lado; confie na intuição.

De 11 a 20 de julho: Não se apresse em obter reconhecimento pelo esforço feito anteriormente. Divergências de opinião podem deixá-lo ressabiado e na defensiva. Mas esteja certo de que uma boa e esclarecedora conversa poderá colocar os pingos nos is.

De 21 a 31 de julho: Preocupações e demandas de pessoas mais velhas podem exigir mais do seu tempo. Procure organizar melhor a agenda para dar conta de tudo. Se for possível, tire alguns dias de férias para renovar sua energia vital.

De 1º a 10 de agosto: Não se deixe levar por opiniões arriscadas nem faça negócios em que possa perder dinheiro. É hora de cautela nos investimentos. Marte e Júpiter dificultam a comunicação; procure não levar nada para o lado pessoal nem fazer drama.

De 11 a 20 de agosto: Bons aspectos entre Marte, Mercúrio e Sol devem deixá-lo mais animado, com vontade e ideias mais claras e definidas. Momento positivo para liderar, coordenar e impulsionar os colegas de trabalho. Viagens rápidas para lugares diferentes serão muito estimulantes.

De 21 a 31 de agosto: O astro-rei ilumina o setor familiar, favorecendo melhorias em sua moradia. Uma onda de renovação vem a calhar: invista seu tempo em se desfazer de coisas velhas e sem uso. Não deixe para amanhã o que pode fazer hoje.

De 1º a 10 de setembro: Dizem que boas leituras são para a mente o que os exercícios são para o corpo. Este ciclo é auspicioso para estudar e aperfeiçoar seus conhecimentos, trocar informações, participar de seminários. Tudo isso equilibrado com uma boa rotina de atividades físicas.

De 11 a 20 de setembro: Neste momento, você pode estar mais aberto a uma conexão íntima com os próprios pensamentos e desejos. Estar centrado é uma riqueza de vital importância para inúmeros desafios cotidianos. Peça ao universo aquilo de que está precisando.

De 21 a 30 de setembro: O Sol agora está em Libra, signo dos relacionamentos e parcerias. É importante ter mais cuidado com acordos, promessas ou prazos relacionados ao trabalho. É preciso haver espaço para improvisos; a vida exige mais flexibilidade de você.

De 1º a 10 de outubro: Seja prático e objetivo em relação ao excesso de trabalho ou de responsabilidades. Delegue funções para pessoas de sua confiança; não há por que colocar tudo em suas costas. Procure relaxar, caminhar em parques, aliviar o estresse do corpo.

De 11 a 20 de outubro: O céu planetário ainda está carregado nestes dias e, por vezes, o melhor a fazer é se distanciar do problema para ver melhor o que está acontecendo. As boas intenções nessas horas podem até ser mal-interpretadas, fique atento.

De 21 a 31 de outubro: Estando agora com uma visão mais ampla, o ciclo se torna propício às decisões que a vida está exigindo. Sua maturidade emocional dará o tom certo para que seus sentimentos sejam bem recebidos e compreendidos.

De 1º a 10 de novembro: Guarde o pessimismo na gaveta. Muitas vezes, as possibilidades são construídas dentro da própria mente. E, se são reais, a saída é olhá-las de frente. Peça ajuda, converse com pessoas confiáveis; o isolamento não é uma boa opção.

De 11 a 20 de novembro: A Lua Nova e os bons aspectos que o Sol recebe são uma janela de oportunidade para virar o jogo em relação aos acontecimentos. Visualize com clareza aquilo de que precisa em sua vida, não com o sentido de falta, mas sim no intuito de agradecer por tudo o que já conquistou.

De 21 a 30 de novembro: Há uma frase que diz: "Não há ventos favoráveis para aquele que não sabe o seu porto de destino". Agora é seguir adiante com seus planos e lutar por eles. Mercúrio recebe bons aspectos e indicam que você está na direção certa; não desanime.

De 1º a 10 de dezembro: Nesta fase é aconselhável dar mais atenção à sua vida sentimental. Você está mais sensível e romântico, e não há ninguém no mundo que não goste de atenção ou carinho. Portanto, tome a iniciativa e declare seu amor de uma vez.

De 11 a 20 de dezembro: O Sol em Sagitário favorece novas parcerias e impulsiona seus ideais. Elogios e reconhecimento pelo seu empenho serão uma injeção de ânimo para que não desista de sua empreitada. No amor, tudo segue em harmonia.

De 21 a 31 de dezembro: O ano vai terminando com a sensação positiva de que você fez o seu melhor. Muita movimentação na vida social vai aquecer seu coração; nada é mais prazeroso do que o afeto sincero de amigos e familiares. Que tal uma celebração original para este final de ano?

CÂNCER

21 de junho – 21 de julho

EU SINTO

Nutrição – Sensibilidade – Cuidado

Família – Segurança – Afetividade

- **Personalidade:** Por sua conexão com a Lua (regente deste signo), cancerianos costumam ter mais oscilações de humor que pessoas de outros signos. É importante aceitar suas fases e acolher suas emoções com gentileza e autocompaixão, tomando cuidado com irritação e o famoso vitimismo crônico dos cancerianos que não conseguem lidar com suas emoções. A intuição para os cancerianos é favorecida e eles sentem as emoções de uma forma que os outros jamais entenderão. Quem é de Câncer está sempre pronto para amar e cuidar das pessoas que lhe são queridas. É a mãezona (ou o paizão) do zodíaco e precisa de um cantinho para chamar de seu. Gosta de guardar lembranças, tem uma excelente memória afetiva e a família é uma das coisas mais importantes da sua vida.

- **Profissão:** Por sua ligação natural com o lar, pode haver um interesse por arquitetura, decoração de interiores ou paisagismo. Um trabalho que esteja ligado à compreensão e à transmissão das emoções humanas é altamente indicado! Áreas ligadas à arte e ao cinema – como fotografia, atuação, criação de roteiros, direção, ou as ligadas às emoções – psicólogo, terapeuta ou terapeuta holístico, por exemplo. O universo da maternidade também pode chamar a atenção dos nativos deste signo: área da pediatria, obstetrícia, professor do jardim de infância... Aqui também pode existir um talento pra cozinhar e fazer negócios, pois sabe intuitivamente aproveitar oportunidades como ninguém. Só precisa acreditar mais em si mesmo.

- **Amor:** A equação aqui é fácil: cuidar + ser cuidado = amor feliz e relacionamento saudável. O universo canceriano gira em torno do campo afetivo e se relacionar faz parte da sua necessidade de segurança emocional. Como são muito românticos e curtem romances de novela, quando não estão em um relacionamento, ficam sonhando com um, como aqueles de família feliz em propaganda de margarina. Ficar solteiro é para os outros signos. Namorar um canceriano é como estar em uma eterna montanha-russa de emoções. Para os dois lados.

- **Saúde:** A saúde canceriana é especialmente afetada pelas emoções, por isso há uma enorme necessidade de formar um lar que lhe ofereça conforto, segurança e ajude naturalmente a repor as energias. Sem esse cantinho sagrado e com exposição em excesso ao estresse, podem surgir problemas nos seios, nos ovários, retenção de líquido ou dificuldades com o sistema imunológico. Cancerianos também têm tendência a desordens alimentares como anorexia ou bulimia, gastrites e úlceras, inchaço e obesidade. Devem sempre beber muito líquido e evitar comidas pesadas, que tenham condimentos fortes.

- **Personalidade do signo e frase:** Wagner Moura – "O casamento é uma instituição moderníssima. Hoje, nada mais obriga duas pessoas a estarem juntas, a não ser o amor."

Previsões para 2020

De 1º a 10 de janeiro: Um forte *stellium* encontra-se em Capricórnio, ativando a casa das parcerias. Você não precisará medir esforços para realizar seus novos projetos. Não faltará também a cooperação necessária para chegar aonde quer. Continue sonhando alto.

De 11 a 20 de janeiro: Vênus e Urano trazem uma leveza e um desprendimento na vida sentimental que há tempos você não vivenciava. Deixe-se levar por esse momento em que as preocupações com ciúme e autoestima passam longe. Calor à vista: beba mais líquidos.

De 21 a 31 de janeiro: Os cuidados com a saúde merecem especial atenção, e isso se traduz em mais vitalidade e disposição para tudo. Marte em Sagitário traz inspiração para uma viagem de aventura na natureza ou a um lugar desconhecido; aproveite.

De 1º a 10 de fevereiro: O ciclo é favorável para sair mais, divertir-se, encontrar amigos do passado e, assim, fugir da vida virtual solitária das redes sociais. Ótimo para fazer bons contatos, negócios, prospectar o amanhã com mais oportunidades para crescer, em todos os sentidos.

De 11 a 20 de fevereiro: O sextil entre Júpiter e Netuno no céu assinala uma fase em que você poderá se voltar mais para o lado místico ou espiritual da vida. A busca pelo autoconhecimento pode ser uma prioridade muitas vezes esquecida na correria do dia a dia.

De 21 a 29 de fevereiro: Agora você pode ser tomado por um impulso mais criativo, inovador e mesmo combativo, que vai definindo suas ações. Marte e Urano pavimentam caminhos ainda não percorridos, e os desafios tendem a ser estimulantes. Não tenha pressa por resultados imediatos.

De 1º a 10 de março: Não permita que as frustrações ou as decepções da vida sentimental afetem sua autoestima. Lembre-se de que nem sempre é possível agradar a todos, e às vezes vale mais a sinceridade do que ficar engolindo sapos. Príncipes encantados tampouco existem.

De 11 a 20 de março: Mercúrio está voltando ao movimento direto, o que geralmente dinamiza aspectos de interação social, negócios ou estudos. Seja qual for seu interesse do momento, é positivo colocar foco e atenção nele.

De 21 a 31 de março: Há no céu um aspecto muito auspicioso, que é Vênus em trígono com Júpiter. Este é um ciclo que implica harmonia, cooperação e confiança nos relacionamentos. Desfrute destes dias atuando de forma mais generosa e otimista em relação a tudo e a todos.

De 1º a 10 de abril: As mazelas do coração agora estão superadas, e você é capaz de ver com mais lucidez que tudo o que aconteceu tinha um propósito. A maturidade não chega por acaso; por isso os relacionamentos são tão importantes no processo de crescimento do ser humano.

De 11 a 20 de abril: O astro-rei está ocupando o setor de vida profissional. É importante estar seguro daquilo que deseja realizar a fim de atrair para a sua vida. Mas é relevante também não deixar que a vaidade do sucesso passe à frente de tudo e de todos.

De 21 a 30 de abril: Alguns aspectos planetários difíceis neste mês podem testar seus limites e sua paciência. Não é possível acelerar o ritmo dos acontecimentos nem saber o que se passa na cabeça dos outros. Faça o necessário, sem esperar por elogios.

De 1º a 10 de maio: Mercúrio e Sol estão animando sua vida social, o encontro com amigos, novos ou antigos; tudo será festa e alegria. O alimento emocional é sempre importante; por isso, não faça cerimônia: aceite convites ou receba pessoas queridas em casa.

De 11 a 20 de maio: Júpiter, Plutão e o astro-rei em trígono podem deixá-lo mais entusiasmado e arrojado do que nunca. Será que não é chegada a hora de dar vazão e forma a algum sonho antigo que ficou engavetado? Não menospreze seus talentos.

De 21 a 31 de maio: Momento auspicioso para pensar em segurança material, organizar os gastos, fazer investimentos ou então pensar em ter um imóvel. Seria interessante buscar orientação profissional, evitando assim negócios arriscados.

De 1º a 10 de junho: A quadratura entre Marte e Sol pode trazer um período de impaciência e irritabilidade muito acentuadas. Faça um esforço consciente para não ficar refém de emoções descontroladas, piorando o que já está difícil. Respire fundo, cultive a tolerância.

De 11 a 20 de junho: Sua saúde física exige mais atenção e cuidados; não procrastine visitas ao médico com a desculpa de falta de tempo. O estresse sempre acaba afetando sua vitalidade, e prevenir é bem melhor do que remediar.

De 21 a 30 de junho: Agora você está mais assertivo e confiante, segurando as rédeas do destino com determinação. Confie mais em seus talentos e não hesite em mostrar do que é capaz; você, mas do que ninguém, vai se surpreender com sua força.

De 1º a 10 de julho: Sol e Mercúrio estão em seu signo solar, propiciando um ciclo de entusiasmo e vitalidade. Sua sensibilidade estará mais aflorada e você sentirá necessidade de estar com pessoas queridas. Cuide bem de sua casa e dos familiares.

De 11 a 20 de julho: O céu planetário tem oposições fortes. Isso significa um período em que pode haver certa turbulência nas relações pessoais. Tenha cuidado com a sinceridade excessiva; não queira impor seu ponto de vista aos outros.

De 21 a 31 de julho: Resquícios de ressentimento ainda pairam no ar. Uma atmosfera de muitas intrigas se dissolve com a estratégia do recuo e do silêncio. Vale dizer, confrontos não serão produtivos e tenderão a produzir mais desgaste e dor. Dê tempo ao tempo.

De 1º a 10 de agosto: O clima de animosidade está terminando, e você sai fortalecido por ter tido controle, maturidade e bom senso. Sempre é possível relativizar o tamanho das adversidades quando se está mais calmo e sereno – um claro sinal de inteligência emocional.

De 11 a 20 de agosto: Nesta fase, cabem atitudes mais assertivas e arrojadas em relação a seu desempenho no trabalho. A autoconfiança sempre opera milagres, mesmo em situações delicadas ou complexas. Ciclo propício também para ganhos inesperados.

De 21 a 31 de agosto: Fertilidade de ideias e criatividade estão sob as bênçãos de Urano, que está em harmonia com Mercúrio. Aproveite para ampliar seus contatos, estudar, investir em redes sociais ou planejar viagens rápidas. Procure finalizar seus projetos pendentes.

De 1º a 10 de setembro: Um trígono entre Urano e Sol favorece uma atmosfera de liberdade e originalidade. Você não quer seguir a cartilha dos outros e procura caminhos diferentes para expressar o que sente e pensa. Passe seus conhecimentos adiante e terá boas surpresas.

De 11 a 20 de setembro: Nesta fase ainda permanece um ambiente produtivo em termos intelectuais. Assuntos jurídicos podem ser bem encaminhados, e você poderá ter o apoio de pessoas mais velhas e experientes. Não deixe de cuidar da saúde e fazer mais exercícios.

De 21 a 30 de setembro: O ritmo dos acontecimentos e de resultados esperados está desacelerado. O esforço para modificar essa tendência terá pouco ou nenhum efeito, pois não depende só de você. Marte e Vênus em harmonia sugerem uma "paixonite" rápida.

De 1º a 10 de outubro: Este período vai testar intensamente sua tolerância, pois promete frustrações ou decepções no âmbito profissional. Você poderá se sentir traído ou não valorizado pelo seu empenho. Antes de discutir, tente entender o que realmente aconteceu.

De 11 a 20 de outubro: Se o clima de retração ou desconfiança ainda persistir, será mais aconselhável tirar alguns dias de férias ou licença. Muitas vezes é o distanciamento do problema que traz a melhor solução. Fuja do emaranhado que envolve a vaidade humana.

De 21 a 31 de outubro: Será bastante conveniente obter orientações de vida dentro de um contexto mais espiritual e menos material. Certas situações o levarão a buscar outra maneira de ver a realidade, e isso pode ser muito transformador; não tema as mudanças da vida.

De 1º a 10 de novembro: Demandas familiares e domésticas chamarão sua atenção; assuntos pendentes precisam ser resolvidos agora. Procure dar prioridade ao que é realmente importante, organizar seus documentos, contas a pagar, contatos pendentes, marcar consultas sem urgência etc.

De 11 a 20 de novembro: A vida amorosa está sendo favorecida por bons aspectos entre Júpiter e Sol. Seria interessante planejar uma viagem ou um passeio inusitado com a pessoa amada – nada rotineiro, e que tenha um sabor de aventura ou surpresa. Paisagens diferentes descansam a alma.

De 21 a 30 de novembro: Netuno e Mercúrio tornam estes dias excelentes para a introspecção. Boas leituras ou conversas só com pessoas íntimas podem ter efeito positivo em suas próximas decisões. Nada como conhecer a si mesmo e respeitar os próprios limites.

De 1º a 10 de dezembro: Seu lado romântico e emotivo deve se acentuar graças ao trígono entre Netuno e Vênus no céu. Deixe-se levar por devaneios do coração e aposte na imaginação para que seus desejos se realizem. Não deixe a timidez atrapalhar seus planos.

De 11 a 20 de dezembro: Agora não tem mais desculpa: deixe a preguiça de lado, pois, se quiser ficar em forma, é chegada a hora. Você vai dispor de mais energia para enfrentar uma academia, correr, andar de bicicleta ou seja lá o que for. Divirta-se também com seus amigos.

De 21 a 31 de dezembro: Mercúrio, Sol e Júpiter estão animando sua vida social; excelente fase para viagens rápidas e desafios intelectuais. As demandas de amigos estão a todo vapor, assim como a vontade de se sentir mais livre e desapegado das próprias ideias e valores arraigados.

LEÃO

22 de julho – 22 de agosto

EU SOU

Entusiasmo – Lealdade – Liderança

Generosidade – Autoconfiança – Criatividade

- **Personalidade:** Para os nativos de Leão, desenvolver o lado magnético, chamativo, carismático e naturalmente centralizador (de liderança), é a missão de sua vida. Ele veio para descobrir quem é, aprender a confiar no próprio taco e não ligar (a ponto de sofrer) para as críticas e opiniões alheias. O brilho leonino está sempre pronto para aparecer e ele tem a habilidade de iluminar tudo o que faz. A autoimagem é muito importante aqui. Quem nasceu sob esse signo deve valorizar sua individualidade, assumir seu lugar no mundo, ser o líder da própria vida e dar sempre o seu melhor!

- **Profissão:** Leoninos são naturalmente criativos, expressivos e artísticos, por isso se identificam com a arte e o design. Podem ser atraídos para áreas que envolvam sua imagem e lhes permita criar algo que venha do coração: dramaturgia, cinema, designer de moda, designer de interiores, músico, diretor de criação, criador de conteúdo e outras carreiras no ramo do entretenimento. O desejo pelo poder e autoridade para decidir coisas pode levá-los para o campo do direito e da política. Também dão ótimos professores, oradores e executivos!

- **Amor:** Para o leonino, se não for para ser um amor espetacular, grandioso, e até um pouco dramático, pra que namorar? A vida fica muito mais colorida, alegre e interessante quando se está vivendo um grande amor, não é mesmo? Como um bom leonino, há o desejo em receber muita atenção do seu par, bem como elogios e presentes, já que é por essas formas que ele reconhece o amor. Em troca, ele oferece seu coração numa bandeja de prata, com toda a sua lealdade, proteção, atenção e generosidade.

- **Saúde:** Em razão da regência solar, leoninos precisam ter contato com a luz do sol regularmente, uma vez que a falta de exposição pode afetar seu humor e, em casos extremos, até levá-los à depressão. O coração também precisa de atenção especial. Sob tensão e estresse por longos períodos, há maior tendência à má circulação, problemas cardíacos e pressão alta. Dores nas costas também podem ser constantes, por isso fazer atividade física regularmente é de extrema importância, e como bônus eles ganham um corpinho mais sexy e jovem por mais tempo!

- **Personalidade do signo e frase:** Demi Lovato – "O espelho pode mentir. Ele não mostra o que você é por dentro."

Previsões para 2020

De 1º a 10 de janeiro: É possível que este início de ano esteja um pouco turbulento; você não terá muito controle sobre acontecimentos relacionados a trabalho. Não tome nenhuma decisão; espere até que tudo vá se esclarecendo aos poucos.

De 11 a 20 de janeiro: Este momento é auspicioso para tomar atitudes preventivas relacionadas à sua saúde. Não procrastine consultas médicas nem tratamentos já iniciados. Vênus em sextil com Urano sinaliza que suas parcerias informais podem trazer bons resultados.

De 21 a 31 de janeiro: Bom ciclo para ir preparando o terreno a fim de colocar suas boas ideias em prática. Será importante certificar-se de com que tipo de apoio poderá contar, seja operacional ou financeiro. Evite o excesso de alimentos ricos em carboidratos.

De 1º a 10 de fevereiro:Vênus em Peixes faz sextil com Plutão e Saturno, e esses aspectos trazem uma vibração de maturidade e confiança nas relações de modo geral. As experiências feitas anteriormente agora serão muito úteis para que você possa trabalhar com eficiência.

De 11 a 20 de fevereiro: Marte em Capricórnio ratifica o uso de suas habilidades e talentos, imprimindo mais eficiência em suas realizações. Júpiter e Netuno propiciam um bom momento para cultivar a vida interior e a conexão com seus desejos mais íntimos.

De 21 a 29 de fevereiro: Neste ciclo, sua autoconfiança será capaz de atrair oportunidades para crescer e ampliar seus planos. Você poderá exercer uma liderança positiva entre os colegas, que será muito bem-aceita por todos.

De 1º a 10 de março: A vida espiritual continua intensa e interessante para estudos. Vênus e Urano dinamizam seus interesses profissionais, e você os realiza com dedicação e criatividade. Saiba aceitar os elogios que chegarem.

De 11 a 20 de março: Mercúrio retoma seu movimento direto, favorecendo a interação social, a assimilação rápida de informações e a curiosidade por tudo o que é novo. Não recue em seus projetos mesmo que sejam considerados fantasiosos por outros.

De 21 a 31 de março: Seu carisma e sua capacidade de atração estão em alta nesta fase. Não deixe para depois o convite que deseja fazer para conquistar alguém. Trate de sair e se divertir, incluindo o lazer e as artes como refúgios de sua alma.

De 1º a 10 de abril: Vênus está na casa dos amigos e dos planos para o futuro. Em trígono com Saturno em Aquário, promete dias de intensa movimentação social e o desejo de viajar e mudar a rotina. Você terá mais afinidade com pessoas mais experientes.

De 11 a 20 de abril: Mercúrio recebe bons aspectos, aumentando sua jovialidade e presença de espírito. Favorece também a vontade de tomar iniciativas que ampliem seu repertório intelectual, como aprender outras línguas ou viajar para o estrangeiro.

De 21 a 30 de abril: Os impulsos do ciclo anterior precisam ser mais bem equacionados dentro da sua realidade financeira. Estabeleça prioridades e opte por aquilo que é mais viável; mantenha os pés no chão!

De 1º a 10 de maio: Este ciclo certamente promete êxito e reconhecimento de seu esforço na esfera profissional. Excelente para divulgar suas ideias, participar de seminários e interagir em mídias sociais. Sua opinião pode influenciar o pensamento alheio.

De 11 a 20 de maio: Seus interesses intelectuais podem se estruturar melhor, e seus projetos podem se disseminar por outros veículos de informação de que você goste. Possuir talentos significa ter algo a mais para oferecer aos outros, lembre-se disso.

De 21 a 31 de maio: O Sol, que é o regente do seu signo solar, faz bom aspecto com Saturno na casa das associações. Ciclo auspicioso para parcerias que, mesmo sendo informais, podem frutificar e reverberar de maneira crescente e segura.

De 1º a 10 de junho: Seu êxito pode ter despertado certo mal-estar – algo esperado no ambiente de trabalho. As tensões com o planeta Marte no céu indicam divergências, e a competição fica mais acirrada; evite conflitos desnecessários.

De 11 a 20 de junho: Você poderá colher os frutos de sua estratégia de não enfrentamento, pois o clima geral já está mais ameno, favorecendo o consenso e as atitudes cooperativas. Preste mais atenção à sua saúde, fortalecendo o sistema imunológico com boa alimentação.

De 21 a 30 de junho: Este ciclo começa com a Lua Nova e o solstício de inverno. Você poderá sentir a necessidade de se interiorizar mais, assimilando assim as experiências vividas nestes últimos dias. Não se aborreça se pessoas próximas se afastarem de você.

De 1º a 10 de julho: Sol e Mercúrio estão lado a lado em Câncer, o signo da família, da sensibilidade e do amor ao passado. Ambos fazem sextil com Urano, mostrando a importância dos valores transmitidos pelos antepassados; saiba honrá-los de maneira adequada.

De 11 a 20 de julho: Você está muito receptivo e vulnerável a tudo o que acontece ao redor. Conflitos e aborrecimentos podem alterar seu organismo e, dessa forma, causar sintomas relacionados ao plano emocional. Procure se resguardar mais.

De 21 a 31 de julho: Júpiter se encontra na casa da saúde e indica um bom momento para fazer um *check-up* anual. Os tratamentos mais naturais ou homeopáticos devem trazer bons resultados, assim como os mais preventivos, como massagens e acupuntura.

De 1º a 10 de agosto: Nesta fase, você terá de se valer de muita paciência e tolerância para contornar as opiniões divergentes no trabalho e a falta de produtividade. Reduza o volume de suas atribuições, em especial aquelas que não têm urgência.

De 11 a 20 de agosto: Não preste muita atenção ao que falam ou pensam sobre você; é impossível agradar a todos. Sol, Mercúrio e Marte estão bem aspectados entre si, e você agora poderá se sobressair pela assertividade e coragem de mudar aquilo que for necessário.

De 21 a 31 de agosto: Vênus e Júpiter estão em oposição e sinalizam conflitos no jogo amoroso, pois seus desejos não serão atendidos da maneira que gostaria. O sentimentalismo e as cobranças não vão dar bons resultados, pois só enfatizarão o distanciamento na relação.

De 1º a 10 de setembro: Os desafios com sua cara-metade ainda não se resolveram. Ressentimentos do passado podem vir à tona e precisam ser bem trabalhados. Essa também é uma oportunidade para que o relacionamento cresça, sem os antigos entraves de sempre.

De 11 a 20 de setembro: Sol em Virgem faz bons aspectos com Saturno e Plutão em Capricórnio – ambos signos de Terra. Momento fértil para concretizar planos antigos. Perseverança e eficiência serão a tônica deste ciclo em que a admiração de seus colegas tende a crescer; vá em frente.

De 21 a 30 de setembro: Mercúrio está muito pressionado no signo de Libra, podendo criar obstáculos na comunicação na esfera familiar. Fique atento a mensagens ambíguas ao falar; procure manter a objetividade, sem querer impor seu ponto de vista.

De 1º a 10 de outubro: A falta de diplomacia e paciência poderá pôr muita coisa a perder nestes dias. Não deixe as frustrações comandarem seu humor e suas decisões. Afaste-se dos problemas para vê-los sob outra perspectiva; não tome nenhuma decisão por enquanto.

De 11 a 20 de outubro: A sobrecarga de trabalho precisará ser equacionada com mais discernimento e pragmatismo de sua parte. Não há por que carregar o mundo nas costas, pois ninguém está pedindo isso. Saiba contar com a boa vontade alheia.

De 21 a 31 de outubro: Sua produtividade e seu senso prático estão mais evidentes, e as soluções vão chegando de modo mais estável e ordenado. Reserve mais tempo à pessoa amada, saia mais para se divertir, relaxar e ver os amigos, pois ninguém é de ferro.

De 1º a 10 de novembro: Saturno deverá exigir muito de você nestes dias. Planeje melhor as tarefas cotidianas de sua casa a fim de ter mais tempo para os estudos ou o trabalho. Adie compromissos de pouca urgência, focando mais naquilo que é prioridade.

De 11 a 20 de novembro: Este é um ciclo oportuno para temas relacionados a moradia, imóveis ou patrimônios familiares. No entanto, será importante não querer acelerar o ritmo dos acontecimentos e das decisões; desse modo, você evitará discussões inúteis.

De 21 a 30 de novembro: Momento de bom senso e convergência de opiniões, favorável ao andamento de assuntos jurídicos, se for esse o caso. Procure voltar-se também para o lazer, atividades esportivas ou ter maior contato com jovens e crianças.

De 1º a 10 de dezembro: A sabedoria acumulada em experiências do passado hoje representa sua maturidade e bom senso para fazer boas escolhas relativas a seu bem-estar. O aconselhamento de familiares com mais experiência de vida será muito bem-vindo.

De 11 a 20 de dezembro: Vênus em sextil com Júpiter torna esses dias favoráveis para organizar suas férias ou fazer planos para o futuro. Bom também para namorar, divertir-se com amigos, sentir-se grato pela vida e, quem sabe, dar-se um presente, pois você está merecendo.

De 21 a 31 de dezembro: O Sol em Capricórnio faz trígono com Urano. Você vive um momento em que há a necessidade de poder se expressar no mundo com mais liberdade ou originalidade. Celebre o final deste ciclo, que tem ares de renovação; afinal, a vida é feita de mudanças.

VIRGEM

23 de agosto – 22 de setembro

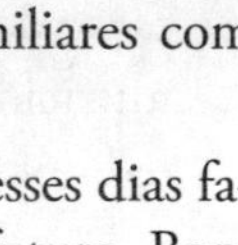

EU ANALISO

Produtividade – Praticidade – Eficiência

Discernimento – Zelo – Metódico

- **Personalidade:** Quem é de Virgem possui um talento inato para discernir, analisar e organizar, não apenas objetos, mas também ideias e processos. São ótimos para aperfeiçoar as coisas e tornar tudo mais simples e funcional. Isso lhes permite ter uma visão ampliada das situações e trazer os sonhos para o plano da matéria. Porém, com essa habilidade de melhorar tudo o que fazem, podem se perder no excesso de detalhes e achar que nada nunca está bom o suficiente. Virginianos têm fama de serem chatos e indiferentes, mas a real é que são extremamente sensíveis. Afinal, Virgem é o único signo do zodíaco simbolizado por uma mulher! São românticos, amorosos (com quem permitem entrar na sua vida íntima) e muito generosos quanto a compartilhar o que sabem.

- **Profissão:** Virginianos costumam estar sempre envolvidos em algum projeto e se preocupam em utilizar muito bem o seu tempo! É meio difícil vê-los tirando férias. O trabalho é muito importante para o virginiano, uma vez que sua identidade e sua autoconfiança costumam estar conectadas a ele, que adora ser útil e servir a uma causa ou alguém. Aqui há uma incrível habilidade de raciocínio e de comunicação. Geralmente seu campo de interesse perpassa a área da saúde, de pesquisa, comunicação e tudo aquilo que envolva processos e a otimização de alguma coisa, e muitas vezes escolhem ser dentistas, veterinários, nutricionistas, farmacêuticos, cientistas, analistas, *personal trainers*, redatores e escritores.

- **Amor:** A fama de signo frio, pouco romântico e, às vezes, até desinteressado em sexo já deve ter chegado aos seus ouvidos. Isso passa longe da verdade, mas pode estar associado à dificuldade que alguns virginianos têm em relaxar, simplesmente se permitir viver a paixão e deixar as coisas fluírem. O amor não vem com um manual de instruções, e parte da sua beleza está em não ter como controlá-lo. O contato físico pode fazer mil maravilhas nessa relação, por Virgem ser um signo de Terra. O medo da crítica e de lidar com as emoções pode ser seu maior desafio. O segredo é baixar a guarda, deixar rolar naturalmente e, o mais importante, deixar o lado controlador de fora da relação.

- **Saúde:** É fundamental dar uma atenção especial ao que se come, pois é por meio da falta de nutrientes ou da ingestão de comidas processadas, sem valor nutricional, que o virginiano amplia as chances de ficar doente. O estresse pelo excesso de trabalho acaba virando ansiedade e o sistema digestivo é o primeiro a sofrer com problemas, como diarreia, constipação e cólicas. É importante tirar momentos para descansar e focar no aqui e agora. Meditar pode revolucionar a vida de um virginiano, que também tem propensão a doenças psicossomáticas.

- **Personalidade do signo e frase:** Michael Jackson – "Você pode sonhar, e seus sonhos se tornarão realidade, mas é você quem tem que torná-los reais."

Previsões para 2020

De 1º a 10 de janeiro: Um forte *stellium* na V casa o predispõe a buscar energia vital em tudo o que é prazeroso e que o deixa feliz. Desfrute da companhia de crianças, que trarão mais leveza ao seu coração. Se possível, fique próximo da água do mar.

De 11 a 21 de janeiro: Os entretenimentos e o lazer ainda devem manter-se presentes em sua vida. Vênus em sextil com Urano sinaliza possíveis romances rápidos e inesperados, que darão um colorido especial a estes dias. O contato com pessoas mais livres será estimulante.

De 21 a 31 de janeiro: Você está com a mente bem acelerada e ávida por novos conhecimentos. Bom para inventar projetos, conhecer outras culturas, viajar mais e interagir socialmente. Fique mais atento à alimentação; beba mais líquidos.

De 1º a 10 de fevereiro: A vida amorosa continua animada; deixe-se levar por essa "onda" romântica ou de devaneios, que difere tanto do seu aspecto virginiano, mais pragmático e racional. Com tantas solicitações, você não poderá se queixar de monotonia.

De 11 a 20 de fevereiro: Júpiter faz sextil com Netuno, acentuando interesses por assuntos místicos ou filosóficos, que expandam seu entendimento da existência. Excelente período para tratamentos de saúde e beleza naturais, como massagens ou acupuntura, que harmonizam a mente e o corpo.

De 21 a 29 de fevereiro: Marte, Urano e Sol estão em ângulos benéficos, o que torna este ciclo ótimo para tudo o que deseja renovar em sua vida de maneira rápida e eficiente. Não tenha receio de mostrar seus talentos no trabalho nem de receber os merecidos elogios.

De 1º a 10 de março: Nestes dias, você poderá viver um conflito na vida amorosa entre se acomodar com aquilo a que já se acostumou ou se lançar em alguma experiência realmente nova. As incertezas tendem a promover transformações; fique aberto a elas.

De 11 a 20 de março: Mercúrio volta ao movimento direto e vai adentrando o signo de Peixes, o que deixará sua mente mais sonhadora e a psique mais sensível às coisas simples do cotidiano. A realidade poderá ser percebida de modo menos racional e com mais significados.

De 21 a 31 de março: O planeta Vênus está no signo de Touro e faz bons aspectos com Júpiter e Plutão. Agora você poderá conduzir sua vida de maneira mais justa e equilibrada. Seu otimismo vai atrair boas chances de se expandir profissionalmente e mostrar seus talentos em seu ambiente de trabalho.

De 1º a 10 de abril: Saturno em Aquário está em harmonia no céu. Essa configuração é estimulante do ponto de vista intelectual e social. Sua vivacidade e presença de espírito são notórias e encantam a todos. Você poderá ficar mais em evidência e receber convites interessantes.

De 11 a 20 de abril: Neste ciclo, Vênus e Marte estão em trígono, facilitando aproximações na vida sentimental. Seus desejos serão compreendidos e acatados do jeito que você gosta. Se deseja uma pessoa, trate de conquistá-la; é hora de se mexer.

De 21 a 30 de abril: Agora é tempo de dar atenção à sua saúde e bem-estar. Será proveitoso cuidar mais da alimentação, caminhar e tomar sol para ativar o sistema imunológico. Problemas crônicos podem atrapalhar seu desempenho no trabalho.

De 1º a 10 de maio: O planeta Mercúrio está bem ativado, facilitando o bom andamento de seus projetos e a habilidade em negociar com inteligência aquilo que for de seu interesse. A aquisição ou a venda de bens materiais ou imóveis também estão favorecidas.

De 11 a 20 de maio: O Sol em trígono com Plutão e Júpiter impulsiona seus interesses e potencializa sua capacidade de liderança no ambiente profissional. A coordenação feita de maneira estratégica trará o reconhecimento do seu esforço.

De 21 a 31 de maio: A soma das experiências anteriores vai garantir que você continue se aprimorando profissionalmente. Marte em sextil com Urano indica que conhecimentos na área da tecnologia também serão valiosos em seus empreendimentos.

De 1º a 10 de junho: Marte e Sol em tensão implicam possíveis situações de intolerância e irritabilidade nos relacionamentos. Isso pode ser o resultado de procrastinação de situações que você empurrou com a barriga. Sendo assim, não procure por culpados.

De 11 a 20 de junho: Uma situação indefinida ou nebulosa poderá deixá-lo inseguro no trabalho. Não é hora de tomar decisões e muito menos assumir uma responsabilidade que não é sua. Tenha paciência e espere pelo desenrolar dos acontecimentos.

De 21 a 30 de junho: Sol e Mercúrio estão em Câncer, na casa dos amigos e da solidariedade. Procure mais a companhia daqueles que o querem bem e não exigem de você aquilo que simplesmente não é. Marte em Áries traz um ímpeto de mais confiança pessoal.

De 1º a 10 de julho: Momento auspicioso para abrir a mente e criar perspectivas diversificadas para seu futuro; não espere para ampliar seus conhecimentos, aprender outras línguas. Lembre-se sempre da importância de manter uma atitude confiante.

De 11 a 20 de julho: Os relacionamentos afetivos podem atravessar um período de tempestades. Ressentimentos adiados poderão vir à tona e não será possível deixá-los de lado. Ainda que não saiba como resolvê-los, acredite que a aceitação deles é o primeiro passo para alguma mudança.

De 21 a 31 de julho: Siga firme em seus propósitos de se conhecer melhor, respeitar suas limitações e não fazer concessões que tirem sua dignidade. Aos poucos, o caminho vai clareando e você vai entender melhor o significado dessas adversidades.

De 1º a 10 de agosto: Este ainda é um ciclo para rever alguns aspectos sombrios ou difíceis de sua personalidade com crítica excessiva, seja consigo mesmo ou com o próximo. Não sonhe com a perfeição, pois ela não existe; mas há, sim, um contínuo processo de refinamento de tudo e todos.

De 11 a 20 de agosto: Mercúrio e Sol em Leão fazem trígono com Marte. Essa configuração sinaliza um momento de assertividade e coragem para dirigir a vida como você deseja. Mantenha o foco naquilo que é prioritário. Os desafios fortalecerão seu espírito.

De 21 a 31 de agosto: O Sol está agora em seu signo solar, e essa posição lhe confere vigor e disposição física; você está mais centrado e seguro de seu valor pessoal. Vênus em trígono com Netuno é um ótimo sinal para a vida amorosa e seu bem-estar emocional.

De 1º a 10 de setembro: Este é um período excelente para programar uma viagem a longa distância, na qual possa expandir seu repertório cultural e conhecer pessoas diferentes, que abram sua mente para outra forma de ver a vida.

De 11 a 20 de setembro: Momento em que você poderá ter mais responsabilidades na vida familiar ou amorosa, assumindo compromissos com mais segurança e prazer. O aconselhamento de pessoas mais experientes será oportuno e de grande valia.

De 21 a 30 de setembro: Nesta fase, evite especulações de natureza financeira, pois não é hora de fazer investimentos de risco. Cautela e discernimento são as palavras de ordem agora. Cuidado com as palavras, uma vez que podem ser mal-interpretadas.

De 1º a 10 de outubro: Ainda é necessário cuidado para não fazer gastos por impulso ou se endividar de maneira precipitada. Este ciclo exige de você mais jogo de cintura e diplomacia no trabalho. O confronto direto não é uma boa estratégia.

De 11 a 20 de outubro: Nesta fase, a vida exige que você finalize ou encerre algum empreendimento com mais desapego. O medo de perder algo já indica que as coisas não vão bem, ou então que precisam de uma reestruturação. O fim de um ciclo é sempre o começo de outro.

De 21 a 31 de outubro: Vênus em bons aspectos com Plutão e Saturno propicia um tempo de transformações positivas. Tudo tem a hora certa para acontecer, e agora você já está pronto para sonhar com seus novos projetos.

De 1º a 10 de novembro: Mercúrio retoma o movimento direto, facilitando encontros, contatos ou novos negócios que estavam engavetados. O importante é não ter pressa; manter-se em um fluxo criativo e contínuo é melhor do que querer acelerar o ritmo da vida.

De 11 a 20 de novembro: Nestes dias, teremos a Lua Nova no signo de Escorpião. Aproveite para focar mais naquilo que acha que precisa em sua vida, e imagine que isto já esteja acontecendo. Não se esqueça do poder do pensamento e da fé, que opera milagres no cotidiano.

De 21 a 30 de novembro: Mercúrio faz trígono com Netuno e Júpiter, e expande suas motivações filosóficas ou espirituais, mostrando que nem tudo se resume a matéria ou dinheiro. Essa percepção vai lhe trazer uma sensação de liberdade e leveza.

De 1º a 10 de dezembro: Sua sensibilidade psíquica está mais intensa do que nunca. Fique atento aos seus sonhos e às sincronicidades do dia a dia. O mundo subjetivo da alma pode trazer revelações importantes quanto ao significado da existência.

De 11 a 20 de dezembro: Vênus em sextil com Júpiter e Saturno indica um ciclo perfeito para planejar seu final de ano em companhia de pessoas queridas. É prazeroso sentir que o esforço do passado não foi em vão e que agora você pode colher os frutos do seu desempenho.

De 21 a 31 de dezembro: Júpiter em conjunção com Saturno em Aquário pode sinalizar que novas ideias e propósitos estão pavimentando um caminho de renovação profissional. Fique aberto ao que for chegando, sabendo que um ciclo de crescimento está à sua espera.

LIBRA

23 de setembro – 22 de outubro

EU EQUILIBRO

Ponderação – Equilíbrio – Diplomacia

Sociabilidade – Compreensão – Simpatia

- **Personalidade:** Os librianos têm talento para se relacionar e conseguir ver os dois lados de uma situação com imparcialidade! Afinal, Libra é o único signo do zodíaco representado por um objeto, que é a balança. E é daí que vem a fama de serem indecisos. Mas como opinar se conseguem compreender todos os pontos de vista? A busca pelo equilíbrio rege sua vida. Pode ser no campo emocional, nos relacionamentos ou no trabalho. Por serem filhos de Vênus, são agraciados com uma beleza e um charme naturais. Além disso, possuem um olhar estético para a vida. São capazes de perceber a harmonia dos ambientes e sabem como deixar tudo e todos mais bonitos. É importante prestar atenção na tendência a depender dos outros para tomar suas próprias decisões, fazer coisas para agradar aos outros que desagradam a si mesmo.

- **Profissão:** Pela excelente habilidade de fazer concessões, dialogar e ser imparcial nas situações mais desafiadores, profissões relacionadas ao campo do direito são muito bem-vindas: advogado, juiz, procurador. Também dão bons conselheiros, terapeutas e psicólogos. Em razão do senso estético libriano e da sociabilidade, se saem bem em áreas ligadas à moda, à beleza e à arte, como estilistas, designers, modelos, artistas e qualquer profissão que envolva "fazer aquele social" como só eles sabem fazer.

- **Amor:** O bom libriano está sempre em busca de um amor para chamar de seu. Por serem regidos pela deusa do amor, às vezes idealizam o par perfeito e das duas uma: ou não param num relacionamento por acharem que poderia ser melhor ou ficam, mesmo insatisfeitos, por terem receio da solidão. Vale a pena trabalharem a autoestima e a autoconfiança para saber o que querem da própria vida. Assim, é aconselhável encontrarem alguém que vai vir para somar, e não para preencher vazios! Apostar no próprio carisma, se sentir bem com a própria aparência, deixar de lado a idealização para dar atenção ao coração e falar dos sentimentos fará com que a relação suba vários níveis rumo a uma situação mais estável e menos idealizada da vida amorosa.

- **Saúde:** No corpo humano, a regência libriana compete aos rins, às glândulas adrenais e à pele. Estar bem consigo e em harmonia com as pessoas queridas é vital para o bem-estar do libriano. Estresse e conflito são uma bomba atômica para ele. Parece mentira, mas é real: ambientes bonitos e com vibração legal dão um baita *up* no seu ânimo. Beber bastante água e aprender a lidar com as tensões da vida com leveza é fundamental para sua paz interna.

- **Personalidade e frase do signo:** Gandhi – "Um 'não' dito com convicção é melhor e mais importante que um 'sim' dito meramente para agradar ou, pior ainda, para evitar complicações."

Previsões para 2020

De 1º a 10 de janeiro: O ano tem início com um forte *stellium* no signo de Capricórnio. Essa posição planetária concentra muita energia no ambiente familiar; muitas demandas devem surgir, e é relevante que possa dar mais atenção aos seus entes queridos.

De 11 a 20 de janeiro: Mercúrio e Plutão estão próximos no céu e facilitam assuntos relativos à moradia e reformulações interessantes em sua casa. Mudanças ou reformas serão bem-vindas e oportunas. Você está receptivo aos sentimentos dos outros.

De 21 a 31 de janeiro: Sol e Mercúrio em Aquário dinamizam sua vida social e amorosa; um novo romance pode se tornar intenso e significativo para você. Deixe seu romantismo vir à tona e aproveite ao máximo esse momento.

De 1º a 10 de fevereiro: Vênus em bom aspecto com Saturno é propício para cuidar de sua saúde, fazer seus exames anuais ou marcar consultas que têm sido adiadas. Boas notícias em relação ao trabalho podem surgir; divulgue mais seus talentos e suas habilidades.

De 11 a 20 de fevereiro: Marte está em Capricórnio. Essa posição pode indicar que assuntos do seu passado familiar voltarão, para que possa fazer uma avaliação mais realista daquilo que ainda não perdoou ou não esqueceu. Aceitar a realidade é o primeiro passo para que as mudanças aconteçam

De 21 a 29 de fevereiro: Marte agora recebe bons aspectos do Sol, de Mercúrio e de Urano. Excelente para abrir sua mente a novidades, fazer escolhas acertadas, exercitar sua criatividade e originalidade. Não tenha receio do desconhecido.

De 1º a 10 de março: Saturno e Vênus em tensão no céu podem deixá-lo retraído e mesmo preocupado com questões econômicas. Não se deixe levar pelo pessimismo. Procure se concentrar nas coisas que já conquistou, sem preocupações com aquilo que ainda falta.

De 11 a 20 de março: Você está mais consciente e seguro de seu valor profissional, e isso acabará por atrair chances de mostrar suas capacidades. Poderá até se surpreender com talentos que até então desconhecia. Sendo assim, trate de aperfeiçoá-los.

De 21 a 31 de março: Momento interessante para ampliar seus conhecimentos, fazer uma pós-graduação ou uma viagem que abra seus horizontes intelectuais. Entrar em contato com outras culturas é fundamental para alargar sua visão de mundo.

De 1º a 10 de abril: Vênus e Saturno estão em trígono em signos do elemento Ar. Este também é um ciclo importante do ponto de vista intelectual. Sua mente está ávida por conhecimentos e há o desejo de movimentar seu círculo de amizades. Invista em boas leituras.

De 11 a 20 de abril: A fase é inspiradora para encontros e romances; deixe as portas de seu coração abertas. Sua receptividade fará grande diferença para perceber aquilo que a vida está lhe oferecendo. Ótimo para viagens de lazer.

De 21 a 30 de abril: Neste ciclo podem surgir divergências de pontos de vista com pessoas próximas. Será importante desenvolver uma postura mais diplomática e flexível para não prejudicar a si mesmo nem aqueles que gostam de você.

De 1º a 10 de maio: Netuno e Vênus estão em ângulo desfavorável no céu. É preciso estar atento para não se deixar levar por fofocas e mal-entendidos. Não acredite em tudo o que ouve. Corra atrás da informação correta e tudo se esclarecerá em breve.

De 11 a 20 de maio: Agora você poderá se sobressair em função do desempenho no trabalho ou nos estudos, assumindo responsabilidades maiores e sentindo-se seguro para levá-las adiante. Procure ser generoso com aqueles que o rodeiam.

De 21 a 31 de maio: Informações, diálogos e a troca intelectual com pessoas experientes serão enriquecedores. Você está apto para agir com mais determinação e disciplina, e os resultados logo aparecerão. Contatos com o estrangeiro estão favorecidos.

De 1º a 10 de junho: Sol e Vênus em Gêmeos podem intensificar sua vida social e amorosa, assim como a necessidade de contato social. No entanto, será preciso evitar a tendência de querer impor seus pontos de vista de maneira unilateral; a flexibilidade é a estratégia certa para este momento.

De 11 a 20 de junho: Fique atento para que sua natureza idealista não acabe tornando a vida mais cor-de-rosa do que ela é de fato. Mantenha os pés no chão e aja com mais pragmatismo, pois é ele que vai ajudá-lo a estabelecer metas factíveis e satisfatórias.

De 21 a 30 de junho: Agora já está mais fácil conciliar seus sonhos e ideais com os recursos externos que o rodeiam. Não desanime, pois os obstáculos sempre surgem, mas têm a nobre função de desenvolver a vontade e a perseverança.

De 1º a 10 de julho: Você vive um período muito rico no ambiente de trabalho. Sol e Mercúrio fazem sextil com Urano e sugerem ações positivas para que todos possam expressar melhor seus desejos e suas convicções. Você poderá se tornar o porta-voz de seus colegas.

De 11 a 20 de julho: Embora os obstáculos, de uma maneira ou outra, sempre apareçam, você agora tem uma visão mais pragmática para se empenhar nas mudanças em que acredita. Siga fazendo tudo com transparência e honestidade, pois receberá o devido reconhecimento.

De 21 a 31 de julho: O excesso de trabalho pode deixá-lo estafado. Siga os conselhos de pessoas amigas e não caia nas armadilhas da vaidade, achando que é um super-herói ou heroína. Se necessário, delegue parte de suas responsabilidades.

De 1º a 10 de agosto: O acúmulo de atividades profissionais pode interferir em sua vida pessoal e familiar. Será preciso rever a rotina e os afazeres para que haja equilíbrio entre os dois setores igualmente importantes na vida de todos.

De 11 a 20 de agosto: Mercúrio e Sol estão em trígono com Marte neste ciclo. Você está confiante em relação a seus talentos e pode agir positivamente em benefício de todos. Invista mais em comunicação, divulgue suas ideias, estude e faça pesquisas nas áreas de seu interesse.

De 21 a 31 de agosto: Embora sempre haja muita informação chegando a todo momento, o ritmo dos eventos do cotidiano tende a se desacelerar. Pode haver dificuldades em cumprir prazos e promessas nas datas previamente acertadas. Aja com prudência, sem atropelar ninguém.

De 1º a 10 de setembro: Ao que parece, as tensões e os contratempos estão se dissipando. O ambiente familiar vive um clima de tranquilidade, e os eventos fluem de forma mais satisfatória. A vida amorosa pode trazer novidades; aproveite!

De 11 a 20 de setembro: Sol, Plutão e Saturno estão em Capricórnio. Este período é favorável para o encaminhamento de assuntos relativos à vida doméstica e a bens patrimoniais. Tudo o que representa segurança tanto no hoje quanto no amanhã pode ser bem resolvido.

De 21 a 30 de setembro: Neste ciclo é importante que você não faça gastos imprudentes, pois a escravidão pelos desejos nunca fez bem a ninguém. Siga os conselhos de pessoas mais velhas e experientes para não dar um passo maior que as pernas.

De 1º a 10 de outubro: A Lua Cheia nestes dias tende a amplificar os conteúdos emocionais. Dizer sem rodeios tudo o que pensa e sente não é uma vitória do ego, pois as consequências podem mostrar o contrário. A vida cotidiana não é um campo de batalha.

De 11 a 20 de outubro: O Sol em Libra recebe aspectos difíceis neste ciclo. Relevante observar suas condições de saúde e bem-estar nestes dias. Se necessário, vá ao médico, faça exames e não procrastine decisões, em próprio benefício.

De 21 a 31 de outubro: O planeta Vênus, que é seu regente solar, encontra-se em posição favorável em relação a Saturno e Plutão nestes dias. Certamente você deverá se sentir melhor e mais animado, pronto para assumir os compromissos diários.

De 1º a 10 de novembro: Informações e notícias desencontradas ou inverídicas podem atrapalhar seu trabalho ou estudos. Certifique-se logo do que é real ou não para saber onde está pisando. Sol em trígono com Netuno tende a esclarecer as coisas em pouco tempo.

De 11 a 20 de novembro: A Lua Nova em Escorpião torna estes dias propícios para uma interiorização e mais consciência de seus sentimentos. O mais importante é perceber o que realmente é prioridade e projetar para o amanhã aquilo que almeja para sua vida e seus relacionamentos.

De 21 a 30 de novembro: Mercúrio faz aspectos favoráveis com Netuno e Plutão, tornando este ciclo excelente para preparar seus próximos projetos e ter mais clareza em relação a seus ideais de vida. Com relação aos assuntos do coração, evite antecipar o que ainda está no futuro.

De 1º a 10 de dezembro: Segundo os mestres espirituais, os componentes fundamentais para uma existência feliz são a fé e a gratidão. Não abra mão de sua vida espiritual, ainda que o dia a dia esteja repleto de adversidades. No final, tudo terá sido motivo de aprendizado e crescimento.

De 11 a 20 de dezembro: Mercúrio e Sol em Sagitário fazem trígono com Marte em Áries. Você está otimista e com o amor-próprio em alta para tomar decisões rápidas e eficientes. Pode exercer sua liderança, sempre pensando no bem-estar de todos.

De 21 a 31 de dezembro: Urano em bom aspecto com o Sol em Capricórnio é positivo para uma boa finalização do ano. Sua mente está aberta às mudanças que vêm chegando. Entregue-se a experiências inusitadas e, se puder, faça uma viagem a um lugar ainda desconhecido.

ESCORPIÃO 23 de outubro – 21 de novembro

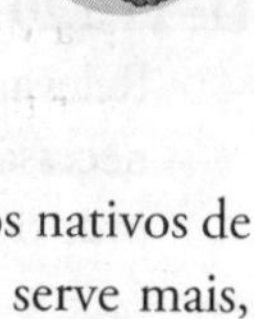

EU DESEJO

Intensidade – Profundidade – Intuição
Obstinação – Mistério – Perspicácia

- **Personalidade:** Um dos mais intensos signos do zodíaco, os nativos de Escorpião precisam aprender a abrir mão do que não lhes serve mais, tanto situações e relacionamentos como pessoas. Sem mágoas e sem ressentimentos, buscando fazer da dor e do sofrimento seu ponto de transformação. A única certeza de um escorpiano "deve ser" a impermanência de tudo e, para isso, é necessário abrir mão do controle e da necessidade de se proteger a qualquer custo. A vida é para ser sentida em toda a sua profundidade, e mergulhos rasos não o irão satisfazer. Os nativos deste signo têm o dom de ir no âmago das situações, de ver o que todos deixam passar batido e de materializar facilmente seus desejos. Por isso é importante prestar atenção às suas dinâmicas interiores, buscando renascer como a fênix e ser sua melhor versão.

- **Profissão:** Áreas que envolvam investigação, pesquisa e transformação de qualquer natureza estão alinhadas com a essência escorpiana. Aqui há um talento para ler nas entrelinhas e compreender a natureza humana. É vital que sejam apaixonados pelo seu trabalho, tenham tesão pelo que produzem e que isso os desafie de alguma forma. Sua intuição e sua inteligência aguçadas devem ser utilizadas no trabalho, que quanto mais alinhado ao que é oculto, paranormal e privado, melhor. São ótimos detetives, psiquiatras, pesquisadores, cirurgiões, terapeutas (holísticos ou não) auditores e químicos!

- **Amor:** Escorpianos são extremamente intensos em suas relações amorosas e têm uma capacidade de entrega surreal quando estão bem alinhados com sua essência. São extremamente leais e fiéis aos seus companheiros e não curtem nem um pouco quando percebem que estão mentindo para eles. Experienciam o amor com profundidade e paixão, mas em geral são bastante reservados quanto à natureza de seus sentimentos... entram na sua vida apenas aqueles a quem dão permissão. Às vezes, pelo medo de serem feridos, inconscientemente se fecham e buscam controlar as relações. É preciso assimilar o "que seja eterno enquanto dure" e deixar o romance rolar, sem medo de ser feliz.

- **Saúde:** Em geral, são capazes de se recuperar assombrosamente de alguma disfunção no corpo. O típico gato com sete vidas. Porém, para ativar tal poder regenerativo, é importante estar em um constante *detox* emocional, não guardar os sentimentos, ressentimentos e fazer do veneno sua própria vacina. Os órgãos sexuais e o aparelho reprodutor são mais sensíveis, então use camisinha, vá sempre ao médico e escolha bem seus parceiros sexuais. Afinal, o sexo possui troca energética imensa, e reservado do jeito que você é, não vai querer a energia de qualquer pessoa no seu corpo e no seu campo, não é?

- **Personalidade do signo e frase:** Nietzsche – "Aquele que luta com monstros deve acautelar-se para não tornar-se também um monstro. Quando se olha muito tempo para um abismo, o abismo olha para você."

Previsões para 2020

De 1º a 10 de janeiro: Sol e Mercúrio em Capricórnio ocupam sua terceira casa e impulsionam sua capacidade de comunicação e aprendizado. Viagens rápidas estão favorecidas; aproveite para conhecer lugares novos e pessoas diferentes de sua vida habitual.

De 11 a 20 de janeiro: Urano e Vênus estão em harmonia no céu. O momento é favorável para o convívio com parentes próximos, em especial irmãos e primos. No amor pode haver um clima para romance, e, ainda que seja breve, pode ser emocionante; aproveite!

De 21 a 31 de janeiro: Você está mais emotivo do que nunca e muito sensível às preocupações e sentimentos alheios. Sua generosidade também é autogratificante, pois compartilhar experiências positivas só faz bem para a alma.

De 1º a 10 de fevereiro: Você vive um período positivo em relação à autoestima, e isso lhe permite mostrar-se de maneira mais genuína e espontânea. O contato com pessoas do passado e uma viagem prazerosa deverão encantá-lo.

De 11 a 20 de fevereiro: Júpiter e Netuno encontram-se em aspecto harmonioso no céu planetário. Momento auspicioso para fazer dietas de desintoxicação com muitas frutas e líquidos. A proximidade do elemento água, seja no mar, em lagos ou rios, poderá ser muito energizante.

De 21 a 29 de fevereiro: O planeta Marte, que está em Capricórnio, recebe bons aspectos de Urano e do Sol. Você está ávido por experiências que dinamizem seu cotidiano e alterem seus hábitos. O contato com a natureza ainda está favorecido, assim como os esportes e as caminhadas ao ar livre.

De 1º a 10 de março: Mercúrio está retrógrado nestes dias. É possível que fique mais difícil concentrar-se em seus afazeres, ou que aquilo que planejou não dê certo. Aproveite então para colocar foco no que está pendente; essa contrariedade é passageira.

De 11 a 20 de março: O Sol faz sextil com Júpiter e Plutão, apontando um bom ciclo para planejar seu trabalho e sua vida financeira. Saber controlar o fluxo do dinheiro é importante e traz mais segurança. Não deixe suas atividades físicas de lado.

De 21 a 31 de março: Júpiter e Marte juntos devem ser estimulantes para uma nova viagem que tenha espírito de aventura e desafios. Na vida amorosa, seu coração bate mais forte, e o clima é de entendimento e cumplicidade; não esconda seus sentimentos.

De 1º a 10 de abril: Júpiter e Plutão, que é seu regente natal, estão em conjunção no céu. Momento excelente para uma reflexão mais profunda e sincera em relação a seus desejos e motivações íntimas. O que está fazendo para realizá-los?

De 11 a 20 de abril: Mercúrio está em ângulo estimulante com Vênus e Marte, ambos em signos de Ar. Você tem mais necessidade de movimento, informações e contato humano A curiosidade o move de modo criativo, e seu cotidiano está bem mais interessante.

De 21 a 30 de abril: Será necessário dar uma freada em seus impulsos, pois eles tendem a se tornar excessivos. Tudo tem limite, e esse será o aprendizado destes dias, seja com sua saúde ou com gastos supérfluos; tenha mais discernimento.

De 1º a 10 de maio: Vênus em Gêmeos faz quadratura com Netuno nestes dias. Você deve ficar mais sensível psiquicamente e sujeito a rejeições nos relacionamentos. Lembre-se: não há salvadores da pátria, tampouco princesas perfeitas.

De 11 a 20 de maio: Neste ciclo, Netuno agora recebe bons aspectos do Sol e de Mercúrio; as confusões tendem a se desfazer. Você poderá ver com mais clareza e discernimento o que se passou e se tornar mais realista em relação às intenções alheias.

De 21 a 31 de maio: Sol em Gêmeos está em trígono com Saturno entrando em Aquário. Os assuntos relativos à sua moradia e a seus familiares podem precisar mais de sua atenção e dedicação. Continue atento às armadilhas do coração, evitando projeções enganosas de sua parte.

De 1º a 10 de junho: Marte e Sol indicam um ciclo em que é aconselhável evitar palavras muito duras em nome da sua verdade. Antes de tudo, é importante reconhecer os próprios erros antes de exigir demais dos colegas de trabalho; exercite a diplomacia.

De 11 a 20 de junho: Caso haja situações nebulosas e instáveis em sua vida profissional, saiba esperar por dias melhores, sem se preocupar demais com a imagem que fazem a seu respeito. Siga fazendo o seu melhor, pois é isso que importa.

De 21 a 30 de junho: Momento de mais segurança e estabilidade em suas emoções. Marte em sextil com Júpiter e Saturno deixam-no mais motivado e disciplinado para a realização de seus ideais. As ventanias também têm o poder de limpar o horizonte.

De 1º a 10 de julho: O fluxo da vida continua intenso, e você está aberto a experiências diferentes ou inusitadas. Momento propício para o contato com o estrangeiro ou planejar uma viagem longa, e assim enriquecer seu repertório sociocultural.

De 11 a 20 de julho: Nem sempre suas convicções e ideais vão reverberar de forma harmônica com os dos outros. Momento de divergências de pontos de vista no qual a intransigência pode afastar pessoas importantes; não queira ter a última palavra em tudo.

De 21 a 31 de julho: Um clima de animosidade em seus relacionamentos pode persistir. O desejo de afirmação pessoal é importante, mas os excessos são prejudiciais. Ouça mais, fale menos; não é preciso levar a vida tão a sério. Cuide melhor de sua saúde.

De 1º a 10 de agosto: É possível que haja imprevistos ou mudanças repentinas no ambiente de trabalho. É importante adaptar-se a eles e investir em conhecimentos na área de tecnologia para estar sempre atualizado em relação às demandas do mundo.

De 11 a 20 de agosto: Mercúrio e Sol estão no signo de Leão em ângulo favorável com Marte, que está na casa do trabalho. Momento de maior dinamismo, liderança e desejo de propor ações que se adaptem melhor às solicitações do momento.

De 21 a 31 de agosto: Uma possível sobrecarga de responsabilidades poderá deixá-lo cansado; é preciso relaxar mais estes dias. Podem surgir boas notícias em relação a seus ganhos; não abra mão de seus direitos e lute por eles, se necessário.

De 1º a 10 de setembro: Esteja mais atento à vida amorosa e aos desejos da pessoa amada. Palavras sem emoção e gestos repetitivos vão perdendo a graça e tirando o colorido da relação. Um pouco de imaginação e de criatividade é o tempero da vida.

De 11 a 20 de setembro: Sol e Mercúrio estão na casa da fraternidade e dos ideais sociais, planos e projetos para o futuro. Você vai se sentir motivado por estar com seus amigos ou pessoas mais afinadas com seus valores e princípios, que poderão ser direcionados à coletividade.

De 21 a 30 de setembro: Seu dia a dia pode estar estressante, seja por excesso de afazeres ou porque o ritmo dos acontecimentos está mais lento. Os resultados que esperava vão vir mais tarde, e agora resta lidar com as frustrações e saber esperar.

De 1º a 10 de outubro: O ciclo começa com a Lua Cheia, que está em Áries em oposição ao Sol em Libra. Trata-se de um momento de plenitude entre dois luminares. Ótimo para se desapegar de desejos que ficaram para trás; não ser escravo deles é uma relevante forma de sabedoria.

De 11 a 20 de outubro: Talvez haja tendência a ruminar demais o passado. Isso acaba impedindo o fluxo da mente mais saudável, focada no agora. O importante é colocar a vida em perspectiva e valorizar as conquistas já alcançadas.

De 21 a 31 de outubro: Sol e Mercúrio estão no próprio signo, e essa posição confere a você mais energia, vitalidade e vivacidade para o dia a dia. Cultive bons hábitos de alimentação para a saúde do corpo, e, para a saúde mental, treine mais o sentimento de gratidão!

De 1º a 10 de novembro: Sol e Netuno estão em signos de Água: Escorpião e Peixes, respectivamente. Ciclo oportuno para investir o tempo em atividades que beneficiem seu bem-estar físico e psíquico. Pode ser em massagens, relaxamento, meditação e dietas de desintoxicação com líquidos.

De 11 a 20 de novembro: Urano e Mercúrio em tensão podem significar um ciclo de conflitos na comunicação com pessoas próximas. A intransigência é sempre um campo fértil para rupturas. Seja menos passional e tente aceitar ideias diferentes das suas.

De 21 a 30 de novembro: Neste ciclo, Mercúrio recebe bons aspectos de Júpiter e Plutão. Certamente estará mais fácil ter uma percepção da vida e dos fatos mais abrangente e harmoniosa. Continue fazendo caminhadas, pois o verão já está a caminho.

De 1º a 10 de dezembro: Ótimo período para fazer uma reflexão sobre o ano que já vai terminando. Avalie suas conquistas, a superação de conflitos anteriores e aquilo que ainda está em andamento. Não sofra por antecipação com fantasias negativas em relação à vida amorosa.

De 11 a 20 de dezembro: Sua energia vital está em alta com o trígono entre Marte e Sol nestes dias. Ótimo para decisões rápidas e acertadas. Vênus entra no signo de Sagitário, portanto, não descuide do lazer e procure estar com pessoas queridas, sejam elas amigos ou familiares.

De 21 a 31 de dezembro: Urano é o planeta associado ao imprevisto, à necessidade de renovação e liberdade. Ótimo momento para mudar a casa e a rotina, abandonando hábitos não saudáveis. Esse planeta em bom aspecto com o Sol é a promessa de um final de ano repleto de surpresas!

SAGITÁRIO 22 de novembro – 21 de dezembro

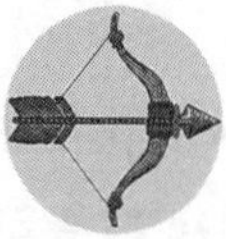

EU VOU

Otimismo – Sabedoria – Sinceridade
Independência – Aventura – Mestria

- **Personalidade:** Os sagitarianos estão sempre em busca de aventuras e altas emoções. Precisam de metas que os façam querer ir além. Algo que os motive de dentro para fora. Não há barreiras nem fronteiras uma vez que a chama do desconhecido é acesa em seu coração. A busca pela verdade costuma fazer parte da sua vida. Ter algo maior em que acreditar e um propósito maior do que eles próprios é vital para a sua alegria de viver (e bem-estar). Em geral, são bem-humorados, inteligentes, honestos, gostam de filosofar e compartilhar seus conhecimentos. É importante tomar cuidado com a tendência a querer colonizar o pensamento dos coleguinhas, falar as coisas de forma impensada e se sobrecarregarem assumindo mais responsabilidades do que podem dar conta.

- **Profissão:** Sagitário gosta de conhecer culturas novas, de ensinar, de aprender, é um eterno buscador. Profissões que envolvam o limiar do desconhecido são extremamente interessantes para os nativos deste signo. Há um desejo instintivo de crescimento e expansão da consciência. Independentemente do trabalho que venha a realizar, ele precisa estar alinhado aos seus ideais e à sua verdade. Não pode ser trabalhar por trabalhar. Se sua atividade envolver viagens e lhe possibilitar uma liberdade de movimento e horários, ele vai se sentir mais feliz ainda. Por ter bastante energia e vigor físico, podem se encontrar em profissões que contemplem atividades esportivas, atletas, como também missionários, professores, agentes de viagem, professores, tradutores e filósofos!

- **Amor:** Não há nada que um sagitariano preze mais do que a sua liberdade. De ir e vir, de ser e de pensar. Não tente amarrar o centauro ao pé da cama e fazer joguinhos emocionais com ele. Aqui é chama que arde e não se vê, porque quando você vê, já foi! Uma boa troca mental é fundamental para se relacionar bem com esse signo. É imprescindível ter um mínimo de compatibilidade na forma de encarar vida, metas e sonhos em comum a serem conquistados e disposição para viver novas aventuras e de forma inesperada. Marasmo e rotina estão fora de questão!

- **Saúde:** Para um dos signos mais ativos do zodíaco, é fundamental cuidar das coxas, quadris, ciático e fígado. Há uma tendência para os exageros de qualquer tipo, bebida alcóolica, atividade física, então atenção com os excessos. A alimentação precisa ser vista com cuidado e uma regularidade nos exercícios físicos é essencial para o seu bem-estar. Tenha momentos de descanso na sua rotina e use seu bom humor como um apoio emocional.

- **Personalidade do signo e frase:** Walt Disney – "Todos os nossos sonhos podem se realizar se tivermos a coragem de persegui-los."

Previsões para 2020

De 1º a 10 de janeiro: Temos no céu planetário a presença de vários planetas ativando sua segunda casa, relacionada à vida financeira. Bom período para fazer planos e pensar de forma mais pragmática em suas finanças neste ano que se inicia.

De 11 a 20 de janeiro: Vênus em sextil com Urano deve deixá-lo animado para fazer melhorias ou reformas em sua casa. Aproveite para realizar uma limpeza em objetos, documentos ou livros que já não têm utilidade. Ano novo, novos ares.

De 21 a 31 de janeiro: A atmosfera familiar pode estar sujeita a situações emocionais confusas ou indefinidas. Evite tomar decisões definitivas, uma vez que tudo é questão de tempo; a precipitação com palavras não será uma boa opção.

De 1º a 10 de fevereiro: Neste ciclo, o que estava em suspenso agora já pode ser encaminhado de forma equilibrada e produtiva. Bom senso e coesão familiar são a garantia de que a paciência muitas vezes é a grande solução para essas circunstâncias.

De 11 a 20 de fevereiro: Júpiter está em sextil no céu, deixando-o mais sensível e aberto aos temas místicos ou espirituais, que pacificam sua mente e seu coração. É o momento adequado para deixar julgamentos críticos de lado.

De 21 a 29 de fevereiro: Sol, Marte e Urano em harmonia sinalizam dias de mais criatividade e liberdade na maneira de conduzir seus planos no trabalho. Imprevistos financeiros podem surgir; por isso mesmo evite fazer gastos supérfluos.

De 1º a 10 de março: Frustrações na vida amorosa devem mexer com sua autoestima, mas reações de revanche não vão melhorar nada. Ao contrário, podem ferir mais seu coração. Aceite o que a vida traz; o tempo vai esclarecer suas dúvidas.

De 11 a 20 de março: Mercúrio entra em movimento direto, e isso significa que você poderá retomar assuntos pendentes e relevantes para poder divulgar seu trabalho. Não procrastine consultas nem tratamentos médicos já solicitados.

De 21 a 31 de março: Vênus no signo de Touro está em trígono com Júpiter em Capricórnio. Ao que parece, suas sugestões inovadoras no trabalho já começam a dar bons frutos. Agora é pôr a mão na massa e dar forma às suas ideias.

De 1º a 10 de abril: Saturno entrou em Aquário e recebe bom aspecto de Vênus em Gêmeos; ambos são signos de Ar, o elemento que representa as trocas intelectuais e a interação social. Excelente para atuar em mídias sociais e fazer novos amigos.

De 11 a 20 de abril: Vênus e Marte agora estão em harmonia, dando continuidade a essa fase dinâmica em suas relações; trate de se divertir mais. Aproveite também para expandir seus conhecimentos – faça uma pós-graduação, se for o caso.

De 21 a 30 de abril: O ritmo dos acontecimentos deve dar uma desacelerada, mas nada com que deva se preocupar. Possivelmente será uma pausa que vem na hora certa, seja para descansar ou então assimilar a grande quantidade de informação dos ciclos anteriores.

De 1º a 10 de maio: Você poderá se surpreender positivamente com notícias que não esperava, e uma renovação no trabalho talvez seja bem estimulante. Sua opinião terá o poder de influenciar os outros; não tenha receio de expressá-la.

De 11 a 20 de maio: O Sol está em sua casa de trabalho e saúde, impulsionando e aperfeiçoando a capacidade de concretização, pois agora você está mais objetivo e eficiente. Momento de disposição e vitalidade; cuide bem do corpo.

De 21 a 31 de maio: Você já pode colocar em prática os conhecimentos adquiridos no passado e que naquele momento pareciam irrelevantes. Poderá contar também com o apoio e a proteção de pessoas mais experientes, pavimentando assim sua caminhada profissional.

De 1º a 10 de junho: A pressão ou as dificuldades no ambiente familiar podem deixá-lo estressado ou ansioso. Não é hora de tomar decisões, pois você vai precisar de calma e discernimento para tanto. Sol e Marte sinalizam a necessidade de cautela ao dirigir carros.

De 11 a 20 de junho: Você possui mais assertividade e certeza para fazer escolhas adequadas para si e seus familiares. Atitudes heroicas não devem ser impulsivas, mas sim o fruto de estratégias bem elaboradas e de longo alcance.

De 21 a 30 de junho: Júpiter e Plutão estão no signo de Capricórnio e podem auxiliá-lo a assumir responsabilidades financeiras de longo prazo. Talvez você esteja mais capacitado para essas escolhas que visem sua segurança em longo alcance.

De 1º a 10 de julho: Mesmo que suas intenções sejam as melhores, será preciso tomar cuidado com o excesso de sinceridade nas palavras. Marte em Áries faz quadratura com Mercúrio, motivo pelo qual você só deve dar sua opinião quando lhe for solicitado, e ainda assim com moderação.

De 11 a 20 de julho: O período ainda não é muito auspicioso para entendimentos. Caberá a você contornar os conflitos, optando pela diplomacia ou então pelo silêncio. O distanciamento das atribulações cotidianas fará bem à sua alma.

De 21 a 31 de julho: Neste ciclo, é aconselhável mais introspecção e reflexão, boas leituras e a companhia de pessoas em quem você realmente confia ou de que gosta. A proximidade com a natureza, seja no mar ou nas montanhas, será excelente.

De 1º a 10 de agosto: "Ruídos" na comunicação ainda persistem neste ciclo, e isso não depende em nada de sua inteligência. Não será aconselhável, se for o caso, tratar de assuntos jurídicos, pois sua posição e suas necessidades correm o risco de não ser atendidas.

De 11 a 20 de agosto: Marte recebe bons aspectos de Marte e do Sol, que estão no signo de Leão. Fase propícia para investir na saúde, fazer exercícios, caminhadas, corridas, viajar etc. Foque mais naquilo que lhe traz alegria de viver, como a presença de filhos ou crianças.

De 21 a 31 de agosto: Mercúrio em oposição a Netuno pode representar uma tensão entre seus propósitos profissionais e as demandas familiares. Talvez você não possa atender os dois lados como gostaria, e isso o deixará frustrado. Evite fazer gastos excessivos.

De 1º a 10 de setembro: Sol no signo de Virgem em trígono com Urano sinaliza renovação, originalidade e capacidade de dirigir sua vida da maneira que lhe traga mais prazer. Você tem força e carisma para atrair oportunidades e planejar seu futuro.

De 11 a 20 de setembro: Sua fé e seu otimismo acabarão por contagiar as pessoas próximas. A obstinação por fazer as coisas com perfeição deve trazer o reconhecimento que espera. Bom momento para pedir uma promoção ou um aumento aos seus superiores.

De 21 a 30 de setembro: O planeta Mercúrio está muito pressionado nestes dias. É muito provável que aquilo que foi combinado não dê certo, ou que notícias ruins o deixem desanimado. Não tire conclusões a respeito do caráter de ninguém, pois poderá estar enganado.

De 1º a 10 de outubro: Marte e Plutão em desarmonia exigem cautela máxima em relação a reações intempestivas e passionais. Nem sempre é possível controlar a raiva, mas é importante não ficar refém dela. Gaste sua energia em atividades físicas, musculação etc.

De 11 a 20 de outubro: Vênus recebe bons aspectos de Júpiter e Urano neste período; agora está mais fácil a interação social. É sempre boa a sensação de liberdade para ser do jeito que se é realmente, falando com sinceridade sobre os próprios sentimentos, sem ferir ninguém.

De 21 a 31 de outubro: Sua eficiência e dedicação ao trabalho podem gerar bons frutos em termos financeiros. Mas há também a realização pessoal, que advém da certeza de ter feito tudo o que estava a seu alcance. Essa alegria não tem preço.

De 1º a 10 de novembro: Contrariedades na concretização de seus planos podem deixá-lo irritado. Mas nunca é demais lembrar que desafios fazem parte do dia a dia, faça chuva ou faça sol. Às vezes é preciso colaborar com o inevitável e simplesmente relaxar.

De 11 a 20 de novembro: Você já tem o comando das situações e pode reorganizar sua agenda de trabalho. Mostre a seu chefe suas capacidades e talentos. Nada de se esconder ou dar crédito indevido aos colegas.

De 21 a 30 de novembro: O Sol está em seu signo solar, trazendo-lhe mais disposição, alegria de viver e confiança na vida. Boas notícias podem surgir, o que o deixará mais otimista e com vontade de partilhar esse bom momento com todos.

De 1º a 10 de dezembro: Este ciclo promete mais eficiência e produtividade de sua parte. Você está mais concentrado e perseverante, e isso surpreenderá até mesmo você. Bom momento para planejar seu final de ano como uma viagem de descanso e lazer.

De 11 a 20 de dezembro: O ciclo de bem-estar e vitalidade ainda permanece, e sua energia é contagiante. Amigos de longa data podem procurá-lo para um reencontro. Alguém já disse que recordar é viver; nada como estar de bem com a vida.

De 21 a 31 de dezembro: Se quiser realmente estar em forma para o verão, comece a evitar o excesso de comida. Júpiter e Saturno em Aquário propiciam encontros, novas amizades, viagens restauradoras para seu espírito e muitos planos para o amanhã.

CAPRICÓRNIO 22 de dezembro – 20 de janeiro

EU REALIZO

Perseverança – Trabalho – Dedicação
Disciplina – Paciência – Determinação

- **Personalidade:** Os capricornianos são os mais determinados e disciplinados do zodíaco. Quando têm um objetivo em mente, vão trabalhar duro até que o alcancem. Não tem tempo ruim que os faça parar até que suas ambições tenham se realizado. O desejo pela independência (material) é o que os move. Aqui não há espaço para lamentações. Eles têm uma excelente habilidade para ver o todo, administrar. Praticidade e objetividade são o que os faz chegar tão longe. Pelo receio de passarem por alguma situação de escassez, o modo "controle" está quase sempre ativado. É importante tomar cuidado para não deixar de lado a família e as pequenas alegrias do dia a dia. Olhar para as próprias emoções e humor é um excelente guia para saber se todo o trabalho duro está valendo a pena.

- **Profissão:** Qualquer uma que ele deseje seguir, pois seu foco e determinação farão com que alcance o sucesso! Como são bons líderes, planejam, administram, delegam e executam como ninguém. Atividades que demandam esforço, empenho, trabalho duro e têm um bom retorno financeiro estarão na sua mira. Gostam de um bom desafio como ninguém e sentem prazer em ser autoridade em algum setor, além disso, são empreendedores natos. Profissões como contadores, engenheiros, agentes do Estado, políticos, empresários e comerciantes são indicadas aos nativos do mais determinado signo do zodíaco.

- **Amor:** Os capricornianos têm fama de serem emocionalmente frios, mas isso não corresponde à verdade. Eles são muito sensíveis e têm dificuldades em expressar suas emoções e sentimentos. Mas só demonstram para aqueles a quem a cabra com cauda de peixe (o animal mais estranho do zodíaco e símbolo do signo) dá permissão. Eles buscam um relacionamento sério, alguém para construir uma vida junto. Como são bem focados na parte material, de trabalho, não é de se estranhar que esperem o mesmo comprometimento e seriedade na sua vida pessoal. Para se entregar a alguém, precisam perceber que estão entrando em território seguro, que podem confiar na pessoa e abrir seu coração. Aqui o amor é visto como trabalho também. Eles sabem que se relacionar demanda esforço, energia e dinheiro, e, para se entregarem, realmente precisam sentir que a pessoa/empreendimento emocional vale a investida do seu precioso tempo

- **Saúde:** A estrutura do nosso corpo compete ao signo de Capricórnio! Ossos, dentes, articulações, unha e pele estão sob sua influência. É importante fazer uma atividade física que trabalhe a consciência e a flexibilidade corporal, como o yoga e a eutonia, por exemplo. Os nativos deste signo devem tomar cuidado com o excesso de peso também, na bolsa, na mochila, nas compras. Um conselho: peça ajuda! Você não precisa carregar tudo nas costas (e sozinho)! Precisa aprender a receber!

- **Personalidade do signo e frase:** Stephen Hawking – "Não importa quanto a vida possa ser ruim, sempre existe algo que você pode fazer e em que pode triunfar. Enquanto há vida, há esperança."

Previsões para 2020

De 1º a 10 de janeiro: Muitos planetas estão em seu próprio signo neste início de ano. Trata-se de muita energia concentrada para você poder dar o *start* do ano com a bola toda. Aproveite e desfrute este ciclo de novos impulsos, desejos e motivações inspiradoras.

De 11 a 20 de janeiro: Sua mente está muito ativa, e as ideias não param de se movimentar dentro dela. Sol e Plutão lado a lado despertam em você o desejo de conhecer-se mais profundamente e refletir a respeito de seus propósitos de vida; conte com a ajuda de bons amigos.

De 21 a 31 de janeiro: Mercúrio em Aquário e Marte em Sagitário podem facilitar a abertura de novos caminhos filosóficos ou existenciais que mudarão sua visão de mundo. No entanto, mantenha os pés no chão; fique longe de utopias mirabolantes.

De 1º a 10 de fevereiro: Mercúrio e Urano em sextil aceleram seu ritmo mental, e agora torna-se positivo acreditar mais na intuição, lembrando que a lógica é importante, assim como a criatividade. Bom momento para receber amigos queridos em casa.

De 11 a 20 de fevereiro: Sua vida espiritual merece mais atenção. Observe seus sonhos, escute seus anseios mais íntimos; a vida é feita de movimentos e pausas necessárias para reflexão. Invista mais em alimentos leves e tome mais líquidos no calor.

De 21 a 29 de fevereiro: Sol e Marte estão estimulando seu bem-estar físico e a vontade de praticar esportes, fazer caminhadas, ou seja, mexer o corpo. Um pouco de aventuras ou paisagens desconhecidas também faria muito bem. Mudar a rotina é uma maneira de obter prazer.

De 1º a 10 de março: É hora de rever valores e crenças em relação à sua vida amorosa. O que já ficou no passado não pode e não deve ditar as regras para aquilo que chega ao momento presente. Abra seu coração; viva o aqui e agora.

De 11 a 20 de março: Se cair no equívoco da automedicação, pode se dar mal. Caso tenha algum problema de saúde, vá ao médico. Redes sociais não servem para essa finalidade.

De 21 a 31 de março: Vênus recebe bons aspectos de Netuno e Plutão nesta fase. Se está interessado em namorar alguém, este é o momento mais que adequado para agir a seu favor. Mas lembre-se sempre de que seres perfeitos só existem no cinema, em contos de fada e na sua imaginação.

De 1º a 10 de abril: Saturno e Vênus se encontram em harmonia em signos de Ar: Gêmeos e Aquário, respectivamente. Momento auspicioso para aperfeiçoar e expandir seus conhecimentos e sua cultura. Acompanhe as mudanças que envolvem seu campo de atuação.

De 11 a 20 de abril: Acredite em você mesmo e confie mais em seus encantos, pois a atmosfera para bons encontros e sedução continua intensa. Excelente período para viagens rápidas, conhecer pessoas diferentes e oxigenar a mente.

De 21 a 30 de abril: Neste momento, o ritmo de sua vida talvez diminua, mas isso não deve deixá-lo preocupado. Um pouco de silêncio e interiorização nunca fez mal a ninguém. E uma parada será oportuna para que possa recarregar sua energia vital.

De 1º a 10 de maio: Mercúrio e Sol estão juntos no signo de Touro, na casa do trabalho e da saúde. Nada melhor do que marcar seus exames e consultas anuais; não procrastine aquilo que é realmente importante: seu bem-estar. Suas boas ideias serão bem recebidas no trabalho.

De 11 a 20 de maio: Período muito rico para promover mudanças ou fazer alterações que julgue relevantes na vida profissional. Tudo está sempre mudando, e a falta de interesse por novidades pode deixá-lo acomodado.

De 21 a 31 de maio: Ao que tudo indica, você obteve êxito em suas novas empreitadas. O reconhecimento esperado pode chegar por meio de pessoas mais experientes e maduras. Isso o deixará motivado para continuar a seguir nessa direção.

De 1º a 10 de junho: Nestes dias podem surgir conflitos de interesses; pessoas próximas talvez se incomodem com seu sucesso. Saiba relativizar esse fato, contornando os obstáculos com diplomacia e inteligência emocional.

De 11 a 20 de junho: Júpiter e Marte estão em bom aspecto no céu planetário. Momento interessante para decisões relacionadas à moradia, ao patrimônio familiar, a heranças etc. Júpiter representa o mundo jurídico e das leis e, assim, os processos podem ser bem solucionados.

De 21 a 30 de junho: Plutão e Júpiter estão em conjunção no signo de Capricórnio, propiciando eficiência, seriedade e coesão em suas realizações. Os vencedores trabalham com disciplina e perseverança, pois sem elas as melhores intenções podem se perder pelo caminho.

De 1º a 10 de julho: Sol e Mercúrio encontram-se no setor de associações, e esse aspecto tende a deixá-lo mais interessado em partilhar experiências com os outros. Porém Mercúrio está retrógrado e pode indicar falta de objetivos em comum; estude bem a situação atual.

De 11 a 20 de julho: Sol com aspectos difíceis ainda mostra que as metas de trabalho são mesmo divergentes, por mais bem-intencionado que você esteja. De qualquer modo, tudo vai ser esclarecido de forma civilizada e sem arrependimentos.

De 21 a 31 de julho: Ainda que esteja decepcionado, não se apegue a detalhes sem importância, rodando sempre o mesmo filme mental – ou seja, remoer o passado significa jogar fora energia vital. Escolha a opção mais inteligente, que é olhar para o futuro.

De 1º a 10 de agosto: Marte está no setor familiar em tensão com Júpiter, o que pode criar um clima delicado na relação com figuras de autoridade. Evite rompantes sem propósito específico. Palavras duras machucam e, quando retornam para você, ficam ainda mais pesadas.

De 11 a 20 de agosto: Nestes dias, a atmosfera já está mais desanuviada, e cabe a você não exigir do outro aquilo que ele não pode dar. Sol e Marte em harmonia facilitam decisões e iniciativas acertadas, as quais todos vão apreciar; vá em frente.

De 21 a 31 de agosto: Vênus em oposição a Júpiter exige mais discernimento e bom senso na vida sentimental. A insistência em relacionamentos com prazo de validade vencido significa pouca disposição para mudar seu modo de ver a vida e as relações.

De 1º a 10 de setembro: Sol e Urano no céu sinalizam que aos poucos sua obstinação e teimosia vão se rendendo aos fatos e ao que é real. A vida é feita de mudanças, e a transitoriedade só é difícil quando você quer manter tudo pelo mesmo ângulo.

De 11 a 20 de setembro: Momento interessante para buscar ampliar seus conhecimentos de natureza espiritual ou filosófica. Os desafios têm o propósito de promover a resiliência e fortalecer a mente. Vá em frente nesse proveitoso caminho.

De 21 a 30 de setembro: É provável que você tenha muitas solicitações e demandas tanto no trabalho quanto na vida doméstica. Procure estabelecer prioridades e resolver uma coisa por vez. Do contrário, ficará com a sensação de estar sendo atropelado pelos eventos.

De 1º a 10 de outubro: Sol em Libra passa pelo seu setor profissional e traz novas inspirações para melhorar seu desempenho. Olhe mais para aquilo que deseja construir e não se deixe influenciar demais por notícias negativas, sejam elas provenientes de amigos ou do noticiário.

De 11 a 20 de outubro: Esteja aberto a novidades na vida amorosa; bons ventos sopram em sua direção. É hora de viver experiências com regras menos definidas, pois a confiança que deseja só chegará com o tempo. Até lá, fique feliz com o que a vida lhe trouxer.

De 21 a 31 de outubro: Dedique mais tempo à vida social; o lazer não pode ser esquecido só por conta das responsabilidades do dia a dia. Se dê a permissão de ir a lugares diferentes, conhecer pessoas que não são iguais a você, mas que têm muito a lhe acrescentar.

De 1º a 10 de novembro: O céu destes dias está muito favorável para atividades filantrópicas e humanitárias. O Sol na casa dos amigos e da solidariedade humana indica tendência a agir de modo altruísta e generoso para com todos.

De 11 a 20 de novembro: Nesta semana, a Lua Nova está no signo de Escorpião. Há muita energia vital concentrada para que você entre em contato com seu eu mais profundo. Excelente para se conectar com aquilo que está precisando em sua vida e acreditar que tudo virá a seu tempo.

De 21 a 30 de novembro: Mercúrio no signo de Escorpião recebe vários aspectos e sinaliza um período de muitas solicitações na vida social e nas mídias eletrônicas. Você está muito receptivo a novos conhecimentos, que enriquecerão seu trabalho.

De 1º a 10 de dezembro: O amor é um assunto muito importante na vida de todos. Mas o amor-próprio é determinante no êxito que procura em sua vida. Valorize seus recursos e talentos, dê o seu melhor. Lembre-se: não há ninguém no mundo igual a você.

De 11 a 20 de dezembro: Júpiter e Saturno estão juntos nos últimos graus de Capricórnio nestes dias. Você poderá se sentir realizado e confiante por todo o esforço feito com perseverança e responsabilidade. Agora é hora de desfrutar e comemorar essas conquistas.

De 21 a 31 de dezembro: Mercúrio e Sol em seu signo solar indicam que você está mais consciente de seu valor pessoal, e sua autoconfiança atrairá mais oportunidades. Cuide do corpo e da alimentação; você agora tem muita força vital e alegria de viver em seu coração.

AQUÁRIO 21 de janeiro – 19 de fevereiro

EU SEI

Liberdade – Inteligência – Inovação

Excentricidade – Altruísmo – Originalidade

- **Personalidade:** Os aquarianos são os excêntricos do zodíaco. Em geral, são os que têm uma ideia totalmente diferente do resto da galera, normalmente são do contra e vão sempre no sentido anti-horário dos ponteiros do relógio. A liberdade é o que corre em suas veias. Precisam de espaço para pensar, pra assimilar as coisas e se expressar. Ligados no 220V (mentalmente), têm uma necessidade de viver novas experiências, conhecer gente, lugares e ideias diferentes. É um pouco contraditório, mas eles possuem uma tendência a ficarem fixos no próprio ponto de vista, mesmo achando outros vieses interessantes. Acham que estão sempre certos. É importante trabalhar a flexibilidade, até mesmo para serem pessoas de mais fácil convivência no dia a dia.

- **Profissão:** O interesse pela tecnologia, informação e computação em geral está presente nos aquarianos. Costumam ter facilidade para entender as novidades que surgem no ramo da ciência e curtem trabalhos que envolvam o meio ambiente, a sociedade e a compreensão das relações humanas. Por terem ideias originais e inovadoras, seu campo de ação precisa estar aberto para mudanças. São excelentes para traçar planos e pensar fora da caixa. Trabalhos que envolvam a metafísica lhes instiga a curiosidade e captam sua atenção. Profissões como artistas, cientistas, ativistas políticos e ambientais, astrólogos, analistas de dados e futurologistas são mais que atraentes para o signo mais antenado do zodíaco

- **Amor:** Como um bom signo de Ar, logicamente, o santo precisa bater intelectualmente. A atração em geral ocorre pelas vias mentais, pela forma como pensa, pela inteligência e, provavelmente, quanto mais excêntrica for a outra pessoa, mais atração eles vão sentir. O desejo aquariano de inovação se faz presente aqui também. Assim como a necessidade de liberdade. Sem espaço para frescura e lamentações, porque ele não tem a mínima paciência para isso. É importante para os aquarianos trabalhar sua autoconfiança e seu amor-próprio, para atrair parceiros que saibam respeitar sua individualidade e seu desejo por novas experiências.
- **Saúde:** Os tornozelos, as pernas e o sistema circulatório são influenciados por esse signo. Logo, é importante tomar cuidado com a tendência ao movimento constante, passando longos períodos em pé ou a mania de ficar com as pernas cruzadas. Há uma maior tendência a ter varizes e problemas de má circulação. Como pensam e falam de forma um pouco exagerada, exercitar a meditação, a contemplação e o silêncio são uma boa pedida para sua própria paz interior.
- **Personalidade do signo e frase:** Abraham Lincoln – "Não te esqueças que os estranhos são amigos que ainda não conheces."

Previsões para 2020

De 1º a 10 de janeiro: Neste início de ano, você precisa estar mais atento ao seu bem-estar em geral, pois poderá estar mais desvitalizado que o normal. Faça atividades físicas e coma alimentos mais energéticos, como raízes e castanhas. Mas não se preocupe, é passageiro.

De 11 a 20 de janeiro: Ciclo muito relevante no que diz respeito ao seu autoconhecimento. Agora você é capaz de descobrir talentos que até então desconhecia, o que implica mais segurança para tomar atitudes que promovam ainda mais seu desenvolvimento.

De 21 a 31 de janeiro: Vênus em Peixes faz bons aspectos com Netuno e Júpiter, e essa configuração poderá deixá-lo mais empático e generoso com pessoas próximas. Aproveite para curtir eventos artísticos e culturais, em particular o cinema, as artes visuais e a música.

De 1º a 10 de fevereiro: O Sol já está em Aquário, aumentando sua disposição e alegria de viver. Sua força de atração está em alta, assim como seu carisma. Mercúrio e Urano favorecem melhorias ou reformas em sua moradia; jogue fora aquilo que já não tem mais serventia.

De 11 a 20 de fevereiro: Júpiter faz sextil com Netuno no céu. Sua atenção poderá estar mais voltada a temas espirituais ou filosóficos. Nesse universo, poderá entender a si mesmo e o mundo ao redor sob outra óptica. Esteja atento aos seus sonhos e às sincronicidades do cotidiano.

De 21 a 29 de fevereiro: Marte e Urano em trígono propiciam mais presença de espírito a você e também mais rapidez e eficiência para tomar atitudes e decisões importantes para o ano que se inicia. Seu pragmatismo poderá surpreender a todos.

De 1º a 10 de março: Vênus e Urano estão em conjunção no signo de Touro, que é do elemento Terra. Você deve estar mais consciente de suas necessidades físicas. Atente para aquilo que os cinco sentidos e sua intuição têm a lhe dizer neste momento.

De 11 a 20 de março: Mercúrio volta ao seu movimento direto, facilitando sua interação social e intelectual. Assuntos burocráticos pendentes podem ser rapidamente resolvidos. Ótimo ciclo para fazer uma limpeza nos documentos, colocar os e-mails em dia, marcar compromissos, consultas etc.

De 21 a 31 de março: O planeta Vênus recebe bons aspectos nesta fase, e isso é um sinal positivo para sua vida amorosa. Mas se ficar esperando um milagre, poderá acabar contrariado. Tome iniciativas, faça propostas, torne-se interessante para a pessoa amada.

De 1º a 10 de abril: Vênus e Saturno em harmonia devem ajudá-lo a encaminhar bem os assuntos de interesse dos seus familiares. Você estará apto a resolver assuntos de moradia, inventários ou patrimônio. Discernimento e coerência são a pauta deste período.

De 11 a 20 de abril: Marte e Vênus em trígono devem dinamizar sua *performance* na vida sentimental, e você pode ser mais criativo para agradar ou conquistar alguém. Deixe o celular de lado e marque um encontro com quem realmente deseja um compromisso.

De 21 a 30 de abril: Nesta fase, podem surgir compromissos ou responsabilidades em excesso, tanto na vida pessoal quanto nos estudos ou no trabalho. Seja inteligente, veja quais são as prioridades e adie aquilo que não tem urgência; tudo se resolverá em breve.

De 1º a 10 de maio: As decisões de âmbito familiar ainda se fazem necessárias, e nada como a flexibilidade e o senso de justiça para que todos fiquem satisfeitos. Período favorável para mudar de paisagem, viajar para algum lugar desconhecido.

De 11 a 20 de maio: Mercúrio e Saturno em trígono continuam estimulando seus estudos ou suas atividades intelectuais. Excelente para ir a seminários, iniciar uma pós-graduação, fazer boas leituras. A proximidade de pessoas mais maduras e experientes será relevante.

De 21 a 31 de maio: Marte e Urano direcionam sua atenção para perspectivas futuras, que lhe permitam estar mais independente e seguro do ponto de vista financeiro. Invista mais em conhecimentos de tecnologia, pois é a ferramenta certa para o momento.

De 1º a 10 de junho: Embora possa haver certa disposição para estar mais próximo de pessoas queridas, alguns traços de rigidez ou intolerância de sua parte poderão afastá-las. Esteja mais atento ao que elas são de verdade e não espere mais do que aquilo que podem lhe oferecer.

De 11 a 20 de junho: O planeta Marte recebe muitos aspectos neste período, o que pode torná-lo mais assertivo e confiante. Suas convicções tendem a influenciar positivamente seus parceiros de trabalho. Continue firme nas atividades físicas para ficar em forma.

De 21 a 30 de junho: Você deve e pode acreditar mais em seus sonhos mais secretos, mas para isso terá de criar um espaço especial para eles. Isso significa trazê-los à consciência, dialogar com eles, abrindo as portas para que se realizem.

De 1º a 10 de julho: Neste período, você deve estar particularmente inspirado, sendo capaz de encontrar soluções criativas e rápidas para seu cotidiano fluir melhor. Não tema a inveja dos outros no trabalho; tudo isso faz parte dos relacionamentos humanos.

De 11 a 20 de julho: Atitudes tomadas contra você não devem apagar sua luz nem ser motivo de revanche. Faça seu trabalho com convicção e releve as forças de oposição. Os caminhos se abrem quando se está na direção certa.

De 21 a 31 de julho: Ainda persistem as divergências de opinião, e cabe a você não levá-las para o lado pessoal. Mesmo que os ventos não sejam favoráveis ao diálogo produtivo, fique firme e mantenha sua dignidade. O silêncio será uma boa opção.

De 1º a 10 de agosto: Sua estratégia diplomática ainda é a solução ideal para este momento de desafios interpessoais. Isso não quer dizer que deva ser conivente com as circunstâncias, mas sim saber esperar que a chuva e as trovoadas passem.

De 11 a 20 de agosto: Bons ventos já dispersaram as nuvens, e a atmosfera é mais clara e transparente. O momento é auspicioso para iniciativas acertadas e a priorização de tarefas. Na vida afetiva, um ótimo clima de cumplicidade fará bem ao seu coração.

De 21 a 31 de agosto: Este ciclo é favorável para encaminhar papéis e documentos relativos a imóveis ou heranças. Mesmo que não haja consenso entre os familiares sobre o que deve ou não ser decidido, o *start* foi dado, e isso já é uma conquista!

De 1º a 10 de setembro: O Sol está em trígono com Urano, que é o regente do seu signo solar. Você deverá estar bem mais disponível e aberto a novidades. Neste ciclo, poderá se expressar de maneira genuína e criativa, mostrando ao mundo sua natureza livre de preconceitos.

De 11 a 20 de setembro: Plutão em harmonia com o Sol deve propiciar nesta fase bom desempenho na vida profissional. Sua gestão está voltada a mudar estruturas antigas e rígidas, que impedem a renovação de valores ou decisões mais justos para todos.

De 21 a 30 de setembro: Todo cuidado é pouco com as palavras, pois aquele que falar poderá ser mal interpretado. Ainda que suas intenções sejam positivas, pense nisso quando for solicitado a emitir algum juízo de valor em relação a um colega ou amigo.

De 1º a 10 de outubro: Contratempos e acúmulo de responsabilidades para um prazo pequeno devem deixá-lo estressado. Veja o que pode ser adiado, reorganize a agenda e seja flexível com as circunstâncias. Não exija tanto de si mesmo.

De 11 a 20 de outubro: Aos poucos você vai resolvendo as demandas e colocando seus afazeres em dia. Este momento é apropriado para viagens rápidas, passeios ao ar livre, massagens relaxantes e tudo o que traga bem-estar para a mente e o corpo.

De 21 a 31 de outubro: O céu planetário indica um ciclo em que você poderá tomar decisões muito benéficas para si mesmo – isso se chama amor-próprio. Não adie aquilo que pode deixá-lo mais saudável, bonito ou atraente; a vaidade tem seu lado bastante positivo.

De 1º a 10 de novembro: As condições financeiras agora tendem a se complicar, seja em função de gastos inesperados ou por falta de organização de sua parte. Seja como for, é hora de frear qualquer despesa desnecessária e também se manter longe de investimentos de risco.

De 11 a 20 de novembro: Nestes dias, teremos a Lua Nova no signo de Escorpião; o Sol e a Lua estão ativando sua casa profissional. Visualize com bastante determinação aquilo que deseja, para que suas demandas transformem-se em realidade.

De 21 a 30 de novembro: Aproveite a chegada do final do ano para colocar em dia os assuntos relativos à sua saúde. Deixe de lado a desculpa da falta de tempo; agende consultas e eventuais exames que vem empurrando com a barriga.

De 1º a 10 de dezembro: Uma dose de romantismo nunca fez mal a ninguém. Se deseja despertar o interesse de certa pessoa, seja interessante em primeiro lugar. A monotonia da vida a dois é quase inevitável, mas pode ser solucionada com um elogio ou um presente – nada muito complicado.

De 11 a 20 de dezembro: Júpiter e Saturno saem de Capricórnio e entram no signo de Aquário simultaneamente. Você vive um momento em que pode conciliar uma postura responsável e perseverante, que também seja otimista, alegre e sempre de olho no futuro.

De 21 a 31 de dezembro: Seus altos ideais buscam uma base sólida para crescer. Momento auspicioso para celebrar as conquistas do ano com amigos de longa data. Seus propósitos humanitários ganharão corpo e beneficiarão de modo muito especial pessoas necessitadas.

PEIXES

20 de fevereiro – 20 de março

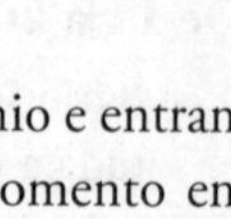

EU COMPREENDO

Intuição – Sensibilidade – Empatia
Compreensão – Sonhador – Otimismo

- **Personalidade:** Os piscianos são extremamente sensíveis por natureza e capazes de uma compreensão profunda da vida e do ser humano, muitas vezes entendida como loucura por quem vê de fora. Dotados de uma intuição sem igual e a habilidade de perceber a energia dos ambientes e das pessoas, precisam aprender a ser filtro em vez de esponja. Estão sempre dispostos a ajudar as pessoas, sejam familiares, amigos ou alguém que acabaram de conhecer na rua, tamanha a compaixão que cabe no coração desses filhos de Netuno. É importante tomar cuidado com a tendência a romantizar situações e relacionamentos, projetando na realidade uma imagem distorcida daquilo que perpassa sua imaginação. Mergulhar nas suas profundezas, ter momentos de introspecção e investir no seu autoconhecimento é essencial para viver com equilíbrio e centramento.

- **Profissão:** Por ter uma natureza sensível, compassiva e amorosa, todas as profissões que envolvam o cuidado e o serviço à humanidade são bem-vindas para os nativos deste signo. Sua intuição acurada e a habilidade de se conectar com outras dimensões favorecem o trabalho em áreas esotéricas e com terapias holísticas em geral. Piscianos se dão bem em qualquer profissão em que possam expressar sua sensibilidade, criatividade, imaginação e nas quais tenham a liberdade de criar, colocando no mundo algo que flui direto de sua alma e que auxilie o mundo de alguma forma. Algumas profissões indicadas são: enfermeiro, músico, psicólogo, cineasta, fotógrafo, oceanógrafo e farmacêutico.

- **Amor:** O pisciano que não é extremamente "amorzinho" precisa trabalhar a arte de expressar suas emoções, pois ele é um oceano de amor para dar. Mas é tanto, que às vezes pode nem diferenciar um amor romântico de um amor pelo bichinho de estimação. O amor dos piscianos é "transbordante". Ele é um poço de sensibilidade e é importante aprender a discernir entre realmente gostar de alguém e ficar "apaixonadinho". Por ser muito sonhador, pode acabar querendo relacionamento como o final de conto de fadas, e em geral se esquece que o casal passa por vários obstáculos para ter seu final feliz. Como se entrega totalmente quando apaixonado, talvez acabe perdendo a noção do "eu". Aí desanda tudo. Antes de direcionar seu amor para os outros, em primeiro lugar, deve aprender a amar a si mesmo.

- **Saúde:** Questões de saúde para os piscianos podem surgir mais por acharem que têm algum problema, do que pelo fato de realmente existir algum desequilíbrio em seu corpo, e por essa razão têm a fama de hipocondríacos Por isso é importante que sempre olhem para dentro de si e estejam conscientes do que se passa nas profundezas do seu ser. A região dos pés também costuma ser sensível para eles. Protegê-los, usar meias e fazer escalda-pés são cuidados altamente recomendados.

- **Personalidade do signo e frase:** Mário Quintana – "Uma vida não basta ser vivida. Ela precisa ser sonhada."

Previsões para 2020

De 1º a 10 de janeiro: Um *stellium* no signo de Capricórnio torna este ciclo auspicioso, pois dinamiza sua casa dos amigos, e dos planos e projetos para o futuro. Sendo assim, é importante colocar suas metas em perspectiva, tendo em vista o extraordinário poder do pensamento.

De 11 a 20 de janeiro: Período de muita energia para a ação e mais entusiasmo para desenvolver novas ideias. Oportunidades ou convites interessantes podem surgir e assim ir abrindo caminhos. Excelente para fazer viagens rápidas a lugares ainda desconhecidos.

De 21 a 31 de janeiro: Vênus em conjunção com Netuno tende a deixá-lo muito sensível e romântico, com o coração aberto para relacionamentos amorosos. É possível que eles sejam um tanto fantasiosos, mas devaneios também fazem bem. Aproveite o verão para tomar mais líquidos e sucos.

De 1º a 10 de fevereiro: É possível que reencontre amigos do passado para curtir boas lembranças e ver quantas coisas já conquistou. Ciclo favorável ainda para planejar seu ano de maneira bem realista e objetiva.

De 11 a 20 de fevereiro: Júpiter faz sextil com Netuno, que é regente do seu signo solar. Nesta fase, sua atenção pode estar voltada a temas místicos ou filosóficos, que trazem um entendimento mais espiritual da existência. Se possível, fique mais próximo da água do mar.

De 21 a 29 de fevereiro: Marte tem papel de destaque neste ciclo, e isso movimenta e intensifica sua capacidade de tomar decisões acertadas. A assertividade tem grande poder, e a vontade, quando se tem um propósito bem definido, consegue produzir milagres.

De 1º a 10 de março: Uma "paixonite" pode surgir pelo caminho e, como tal, tornar-se irresistível. De qualquer maneira, é bom lembrar-se do dito popular: "Nem tudo que reluz é ouro". Desfrute da experiência de ser amado sem grandes planos de um final feliz; viva o agora.

De 11 a 20 de março: O planeta Mercúrio volta a seu movimento direto, tornando este ciclo auspicioso para retomar planos e ideias que deseja encaminhar melhor. Organize a agenda e sua lista de contatos, ou marque encontros que poderão trazer bons resultados.

De 21 a 31 de março: Vênus e Júpiter em harmonia sinalizam um bom momento na vida social e amorosa; você está propenso a ações generosas e a uma visão mais otimista da vida. Poderá também obter ganhos financeiros; talvez seja a hora de pedir uma promoção no trabalho.

De 1º a 10 de abril: Ciclo relevante e benéfico para resolver assuntos de moradia, bens imóveis ou patrimoniais. Vale tudo: pesquisas, buscar documentos, fazer bons contatos, agendar consultorias. Toda forma de interação social ou intelectual será proveitosa.

De 11 a 20 de abril: Será preciso cautela e parcimônia com gastos excessivos e sem necessidade; não faça investimentos de risco. Na vida amorosa, tudo corre bem; seus desejos serão atendidos e a necessidade de cumplicidade e intimidade poderá ser preenchida.

De 21 a 30 de abril: Contrariedades no trabalho ou frustração com pessoas queridas podem deixá-lo abatido. Procure refletir se suas expectativas não estavam altas demais. Será mais produtivo evitar discussões inúteis; cada cabeça, uma sentença.

De 1º a 10 de maio: O planeta Mercúrio simboliza o dom da comunicação, a versatilidade e a flexibilidade. Nesta fase, será interessante valer-se desses atributos para poder direcionar melhor seus interesses e as necessidades do momento.

De 11 a 20 de maio: Será auspicioso investir mais tempo e energia em projetos de natureza humanitária e coletiva. Sol e Júpiter em harmonia tornam mais fáceis o consenso e a boa vontade por parte de todos, fazendo com que as opiniões possam convergir a um ideal comum.

De 21 a 31 de maio: A tendência do ciclo anterior continua, mas agora sob a influência positiva de Saturno no signo de Aquário. Os ideais visionários e arrojados podem ir se delineando, de maneira mais objetiva, e a adesão a eles acontecerá de forma espontânea.

De 1º a 10 de junho: Uma série de contratempos ou desafios no cotidiano familiar podem criar uma atmosfera tensa. Não será conveniente partir para questionamentos, pois a resistência a eles será grande. Deixe o tempo passar e relativizar as dificuldades.

De 11 a 20 de junho: Marte e Netuno lado a lado podem deixá-lo mais sensível e suscetível a notícias de cunho negativo ou frustrante. É importante saber se proteger, filtrando aquilo que realmente diz respeito à sua vida. Nem sempre as mudanças estão ao nosso alcance.

De 21 a 30 de junho: Pode acontecer uma queda de vitalidade durante o dia do eclipse. É importante fazer uma pausa para refletir sobre seus sentimentos mais íntimos, uma vez que isso nem sempre é possível na correria do dia a dia.

De 1º a 10 de julho: Sol e Mercúrio movimentam sua quinta casa positivamente. Você poderá ter ímpetos de criatividade e mostrar seu trabalho de modo mais livre e original. Ainda que nem todos o apoiem, vá em frente e confie em sua intuição.

De 11 a 20 de julho: Procure não levar para o lado pessoal as divergências de opinião ou a incompreensão de suas ideias. Todo movimento de mudança encontra resistência e cabe a você seguir em frente. O mundo não é só dos fortes, mas daqueles que perseveram, dia após dia.

De 21 a 31 de julho: Situações confusas ou mal explicadas no campo da vida amorosa tenderão a deixá-lo inseguro. Como consequência, chegam a desconfiança e a raiva, que, juntas, geralmente provocam estragos sérios; vá com calma.

De 1º a 10 de agosto: Este ciclo ainda exige ponderação e cabeça fria na hora de tomar decisões. Você deve estar mais intransigente, e a sobrecarga de trabalho deixa tudo ainda mais complicado. Fuja de discussões sem importância e delegue as responsabilidades que puder.

De 11 a 20 de agosto: Certa irritabilidade pode persistir, mas a diplomacia e o jogo de cintura vão ajudá-lo a fazer escolhas acertadas. Vá direcionando seus interesses e demandas de acordo com seus interesses, e tudo se pacificará ao seu redor.

De 21 a 31 de agosto: Mercúrio e o Sol estão entrando no signo de Virgem e esse aspecto é auspicioso para organizar papéis, documentos, arquivos digitais, contas e outras pendências. Fique mais atento à sua saúde e evite a automedicação.

De 1º a 10 de setembro: É bem verdade que uma andorinha só não faz verão. Sendo assim, procure novos parceiros que possam apoiá-lo em seus empreendimentos profissionais. Momento excelente para viagens rápidas e conhecer lugares inusitados.

De 11 a 20 de setembro: Este ciclo é adequado para planejar uma viagem de férias, e se ocupar com seu bem-estar e lazer. Procure equilibrar o trabalho com a vida social, encontrar amigos e trocar experiências fora das redes sociais, ampliando seu repertório intelectual.

De 21 a 30 de setembro: Esta fase está marcada por dificuldades na comunicação; os diálogos tendem a ser ríspidos, e as informações chegam de forma distorcida. Não se exceda em discussões e aproveite para filtrar quem é de fato seu amigo de verdade.

De 1º a 10 de outubro: Marte e Plutão em tensão no céu indicam que os raios e trovões ainda não passaram. Esperar a tempestade ir embora é uma atitude importante, e não deixa de ser uma forma de ação. Não há por que querer acelerar o ritmo da vida.

De 11 a 20 de outubro: Júpiter e Netuno estão em harmonia no céu. Agora já é possível ver horizontes mais claros; as nuvens estão menos carregadas. Você pode lançar mão de práticas meditativas ou conhecimentos filosóficos que acalmem sua mente.

De 21 a 31 de outubro: Vênus em trígono com Plutão e Saturno traz um ciclo benéfico em suas relações íntimas e sociais. Você está mais maduro e seguro em suas convicções; as mudanças não o preocupam mais. O reencontro com pessoas do passado será bem prazeroso.

De 1º a 10 de novembro: Júpiter e Plutão no signo de Capricórnio podem ajudá-lo a se posicionar e enxergar com mais clareza aquilo que você realizou neste ano e aquilo que ainda está por realizar. As experiências acumuladas foram enriquecedoras e já podem dar bons frutos; aproveite.

De 11 a 20 de novembro: A Lua Nova ocorrerá no signo de Escorpião. Agora você é capaz de visualizar e definir os próximos passos, preparando o terreno para que tenha êxito. Sua postura contagiante será fundamental para atrair o que for melhor para sua vida.

De 21 a 30 de novembro: O Sol entra em Sagitário e está iluminando sua vida profissional, tornando seu papel social mais claro para todos e também para você. Mercúrio em Escorpião faz trígono com Netuno, estimulando sua capacidade de imaginar e sonhar.

De 1º a 10 de dezembro: Vênus e Netuno em equilíbrio e harmonia propiciam um momento excelente para curtir a vida cultural e artística. Espante a preguiça e procure ir a exposições ou ouvir boa música. Sua saúde também vai agradecer se optar por alimentos leves e evitar carboidratos em excesso.

De 11 a 20 de dezembro: As demandas internas estão mais claras, e suas intenções se voltam para alvos mais definidos. Essa certeza vai facilitar a atração das pessoas certas, que poderão apoiá-lo nesse sentido. A sorte está do seu lado.

De 21 a 31 de dezembro: Júpiter e Saturno adentram o signo de Aquário, aumentando sua sensibilidade psíquica e a curiosidade por vivências de natureza mística ou espiritual. Procure estar próximo de pessoas que estejam nessa mesma sintonia, pois combinam com seus anseios piscianos de paz e harmonia em relação a todos.

Nesta edição as características dos signos foram descritas por Fran Traggiai e Laura Martins do *Café com Astrologia,* e as previsões astrológicas por Tereza Kawall.

Os Quatro Elementos

Os elementos representam diferentes maneiras de perceber a vida. Na prática terra, o mundo é experimentado através dos sentidos físicos; na água, é experimentado através do sentimento e da emoção. O ar chega à compreensão através do pensamento e do raciocínio lógico, enquanto o fogo é intuitivo e informado.

Terra – Touro, Virgem, Capricórnio
Água – Câncer, Escorpião, Peixes
Ar – Gêmeos, Libra, Aquário
Fogo – Áries, Leão, Sagitário

– Extraído de *A Bíblia da Astrologia*, de Judy Hall, Ed. Pensamento.

Descubra o seu Ascendente

O signo solar representa o potencial de nossa vida. Saber isso, no entanto, não basta. Para termos uma visão completa das possibilidades com que os astros nos acenam, precisamos levar em conta todo o Sistema Solar, tal como ele se apresenta no mapa astral. Talvez o Sol seja o corpo celeste mais importante na Astrologia, pois ele mostra nossa personalidade mais profunda; no entanto, é imprescindível conhecer o signo que, na hora e no local do nosso nascimento, despontava no horizonte leste. Esse é o signo Ascendente, que determinará o "horizonte" pessoal, ou seja, nosso ponto de vista particular com relação à vida.

A seguir serão apresentadas tabelas práticas e fáceis com as quais você poderá descobrir, *com precisão relativa*, qual é o seu Ascendente.

Como usar as tabelas

❶ Descubra na Tabela 1 se você nasceu no horário de verão. Nesse caso, subtraia 1 hora do horário do seu nascimento.

❷ De acordo com o Estado em que você nasceu, some ou subtraia do horário do seu nascimento o número indicado na coluna de correção de horário constante da Tabela 2. Por exemplo, se você nasceu no dia 06 de abril de 1970, às 24h10, no Estado de São Paulo, terá de subtrair 6 minutos. Desse modo, a Hora Local será fixada em 24h04.

❸ Localize, na Tabela 3, a Hora Sideral, seguindo o dia do seu nascimento até chegar, na mesma linha, à coluna do mês. De acordo com o exemplo anterior, você vai encontrar 1h01 como Hora Sideral.

❹ O próximo passo é somar a Hora Local com a Hora Sideral, ou seja, 24h04 + 1h01, e terá 25h05 como resultado. No entanto, se os resultados forem acima de 24 horas, é preciso subtrair 24 horas da soma. Se forem abaixo, vá direto à Tabela 2. No exemplo, a soma foi superior a 24 horas, motivo pelo qual foi preciso subtrair 24 horas, chegando a um resultado final de 1h05 – Hora Sideral individual. Vá agora à Tabela 2 para localizar a latitude do Estado de nascimento ou de um Estado bem próximo. No exemplo, São Paulo está a 23 graus de latitude sul.

❺ Com todos os dados em mãos, vá até a Tabela 4 e procure nas colunas horizontais a latitude mais próxima do seu Estado de nascimento. No exemplo, a mais próxima de 23 é 25 graus. Retome então a Hora Sideral, que no exemplo é 1h05. Veja que na coluna dos 25 graus, à 1h05, ascendia aos céus o signo de Capricórnio. Portanto, o signo Ascendente do exemplo analisado é Capricórnio. Observe que a Tabela 4 dá as horas em que cada signo começa e termina sua ascensão. Assim, para a latitude de 25 graus, Capricórnio fica entre 23h00 e 1h19, pois à 1h20 começa a ascensão do signo de Aquário.

✳ TABELA 1

Períodos em que o horário de verão foi adotado

03 out. 31, às 11h00	a 31 mar. 32, às 24h00	06 out. 97, à 00h00	a 01 mar. 98, às 24h00
03 out. 32, às 23h00	a 31 mar. 33, às 24h00	11 out. 98, à 00h00	a 21 fev. 99, às 24h00
01 dez. 49, à 00h00	a 16 abr. 50, às 24h00	03 out. 99, à 00h00	a 27 fev. 00, às 24h00
01 dez. 50, à 00h00	a 28 fev. 51, às 24h00	08 out. 00, à 00h00	a 18 fev. 01, às 24h00
01 dez. 51, à 00h00	a 28 fev. 52, às 24h00	14 out. 01, à 00h00	a 17 fev. 02, às 24h00
01 dez. 52, à 00h00	a 28 fev. 53, às 24h00	03 nov. 02, à 00h00	a 16 fev. 03, às 24h00
23 out. 63, à 00h00	a 01 mar. 64, às 24h00(1)	18 out. 03, à 00h00	a 14 fev. 04, às 24h00
09 dez. 63, à 00h00	a 01 mar. 64, às 24h00(2)	02 nov. 04, à 00h00	a 20 fev. 05, às 24h00
31 jan. 65, à 00h00	a 31 mar. 65, às 24h00	16 out. 05, à 00h00	a 18 fev. 06, às 24h00
30 nov. 65, à 00h00	a 31 mar. 66, às 24h00	05 nov. 06, à 00h00	a 24 fev. 07, às 24h00
01 nov. 66, à 00h00	a 01 mar. 67, às 24h00	14 out. 07, à 00h00	a 17 fev. 08, às 24h00
01 nov. 67, à 00h00	a 01 mar. 68, às 24h00	18 out. 08, à 00h00	a 15 fev. 09, às 24h00
02 nov. 85, à 00h00	a 15 mar. 86, às 24h00	18 out. 09, à 00h00	a 21 fev. 10, às 24h00
24 out. 86, à 00h00	a 14 fev. 87, às 24h00	17 out. 10, à 00h00	a 20 fev. 11, às 24h00
25 out. 87, à 00h00	a 07 fev. 88, às 24h00	16 out. 11, à 00h00	a 26 fev. 12, às 24h00
16 out. 88, à 00h00	a 29 jan. 89, às 24h00	21 out. 12, à 00h00	a 17 fev. 13, às 24h00
15 out. 89, à 00h00	a 11 fev. 90, às 24h00	19 out. 13, à 00h00	a 16 fev. 14, às 24h00
21 out. 90, à 00h00	a 17 fev. 91, às 24h00	18 out. 14, à 00h00	a 22 fev. 15, às 24h00
20 out. 91, à 00h00	a 19 fev. 92, às 24h00	18 out. 15, à 00h00	a 21 fev. 16, às 24h00
25 out. 92, à 00h00	a 31 jan. 93, às 24h00	16 out. 16, à 00h00	a 19 fev. 17, às 24h00
17 out. 93, à 00h00	a 20 fev. 94, às 24h00	15 out. 17, à 00h00	a 18 fev. 18, às 24h00
16 out. 94, à 00h00	a 19 fev. 95, às 24h00	21 out. 18, à 00h00	a 17 fev. 19, às 24h00
15 out. 95, à 00h00	a 11 fev. 96, às 24h00	20 out. 19, à 00h00	a 16 fev. 20, às 24h00
06 out. 96, à 00h00	a 16 fev. 97, às 24h00	18 out. 20, à 00h00	a 21 fev. 21, às 24h00

(1) Só SP, MG, RJ e ES

(2) Todos os demais estados

✳ TABELA 2

Estados	Correção	Latitude
Acre	+ 29 min	10 graus
Alagoas	+ 37 min	9 graus
Amapá	– 24 min	0 grau (Equador)
Amazonas		–3 graus
Bahia	+ 26 min	13 graus
Ceará	+ 26 min	3 graus
Distrito Federal	– 12 min	15 graus
Espírito Santo	+ 19 min	20 graus
Goiás	– 17 min	16 graus
Maranhão	+ 3 min	3 graus
Mato Grosso	+ 16 min	15 graus
Minas Gerais	+ 4 min	19 graus
Pará	– 14 min	2 graus
Paraíba	+ 40 min	7 graus
Paraná	– 17 min	25 graus
Pernambuco	+ 40 min	8 graus
Piauí	+ 9 min	5 graus
Rio Grande do Norte	+ 39 min	5 graus
Rio Grande do Sul	– 25 min	30 graus
Rio de Janeiro	+ 7 min	23 graus
Rondônia	– 3 min	9 graus
Roraima	– 16 min	3 graus (N)
Santa Catarina	– 14 min	28 graus
São Paulo	– 6 min	23 graus
Sergipe	+ 32 min	10 graus
Tocantins	– 17 min	10 graus

✳ TABELA 3 – HORA SIDERAL

Dia	Jan.	Fev.	Mar.	Abr.	Maio	Jun.	Jul.	Ago.	Set.	Out.	Nov.	Dez.
1	18h42	20h45	22h39	0h41	2h39	4h42	6h36	8h38	10h40	12h40	14h41	18h40
2	18h46	20h49	22h43	0h45	2h43	4h46	6h40	8h42	10h44	12h44	14h45	16h43
3	18h50	20h53	22h47	0h49	2h47	4h50	6h44	8h46	10h48	12h48	14h49	16h47
4	18h54	20h57	22h51	0h53	2h51	4h54	6h48	8h50	10h52	12h52	14h53	16h51
5	18h58	21h00	22h55	0h57	2h55	4h57	6h52	8h54	10h56	12h55	14h57	16h55
6	19h02	21h04	22h59	1h01	2h59	5h01	6h56	8h58	11h00	12h58	15h01	16h59
7	19h06	21h08	23h03	1h05	3h03	5h05	7h00	9h02	11h04	13h02	15h05	17h03
8	19h10	21h12	23h07	1h09	3h07	5h09	7h04	9h06	11h08	13h06	15h09	17h07
9	19h14	21h16	23h11	1h13	3h11	5h13	7h08	9h10	11h12	13h10	15h13	17h11
10	19h18	21h20	23h14	1h17	3h15	5h17	7h12	9h14	11h16	13h14	15h17	17h15
11	19h22	21h24	23h18	1h21	3h19	5h21	7h15	9h18	11h20	13h18	15h21	17h19
12	19h26	21h28	23h22	1h25	3h23	5h25	7h19	9h22	11h24	13h22	15h24	17h23
13	19h30	21h32	23h26	1h29	3h27	5h29	7h23	9h26	11h28	13h28	15h28	17h27
14	19h34	21h36	23h30	1h32	3h31	5h33	7h27	9h30	11h32	13h30	15h32	17h31
15	19h38	21h40	23h34	1h36	3h35	5h37	7h31	9h33	11h36	13h34	15h36	17h34
16	19h42	21h44	23h38	1h40	3h39	5h41	7h35	9h37	11h40	13h38	15h40	17h38
17	19h48	21h48	23h42	1h44	3h43	5h45	7h39	9h41	11h44	13h42	15h44	17h42
18	19h49	21h52	23h46	1h48	3h47	5h49	7h43	9h45	11h48	13h46	15h48	17h46
19	19h53	21h56	23h50	1h52	3h50	5h53	7h47	9h49	11h52	13h50	15h52	17h50
20	19h57	22h00	23h54	1h56	3h54	5h57	7h51	9h53	11h56	13h54	15h56	17h54
21	20h02	22h04	23h58	2h00	3h58	6h01	7h55	9h57	11h58	13h58	16h00	17h58
22	20h06	22h08	0h02	2h04	4h02	6h05	7h59	10h01	12h02	14h02	16h04	18h02
23	20h10	22h12	0h06	2h06	4h06	6h09	8h03	10h05	12h06	14h06	16h08	18h06
24	20h14	22h16	0h10	2h12	4h10	6h13	8h07	10h09	12h10	14h10	16h12	18h10
25	20h18	22h20	0h14	2h18	4h14	6h17	8h11	10h13	12h14	14h14	16h16	18h14
26	20h22	22h24	0h18	2h20	4h18	6h21	8h15	10h17	12h18	14h18	16h20	18h18
27	20h26	22h27	0h23	2h24	4h22	6h24	8h19	10h21	12h22	14h22	16h24	18h22
28	20h30	22h31	0h26	2h28	4h25	6h28	8h23	10h25	12h26	14h26	16h28	18h26
29	20h33	22h35	0h30	2h32	4h30	6h32	8h26	10h29	12h30	14h29	16h32	18h30
30	20h37		0h34	2h36	4h34	6h36	8h30	10h33	12h36	14h33	16h36	18h34
31	20h41		0h37		4h38		8h34	10h37		14h37		18h38

✳ TABELA 4 – SIGNO ASCENDENTE

Latitude Sul		5 graus	10 graus	15 graus	20 graus	25 graus	30 graus
Áries	das às	6h00 7h59	6h00 8h09	6h00 8h09	6h00 8h14	6h00 8h19	6h00 8h24
Touro	das às	8h00 9h59	8h05 10h09	8h10 10h19	8h15 10h29	8h20 10h39	8h25 10h49
Gêmeos	das às	10h00 12h19	10h10 12h29	10h20 12h39	10h30 12h49	10h40 12h59	10h50 13h09
Câncer	das às	12h20 13h39	12h30 13h54	12h40 14h09	12h50 14h24	13h00 14h39	13h10 14h54
Leão	das às	13h40 15h39	13h55 15h49	14h10 15h59	14h25 16h09	14h40 16h19	14h55 16h29
Virgem	das às	15h40 17h59	15h50 17h59	16h00 17h59	16h10 17h59	16h20 17h59	16h30 17h59
Libra	das às	18h00 20h19	18h00 20h09	18h00 19h59	18h00 19h49	18h00 19h39	18h00 19h29
Escorpião	das às	20h20 22h19	20h10 22h04	20h00 21h49	19h50 21h34	19h40 21h19	19h30 21h04
Sagitário	das às	22h20 23h39	22h05 23h29	21h50 23h19	21h35 23h09	21h20 22h59	21h05 22h49
Capricórnio	das às	23h40 01h59	23h30 01h49	23h20 01h39	23h10 01h29	23h00 01h19	22h50 01h09
Aquário	das às	02h00 03h59	01h50 03h54	01h40 03h49	01h30 03h49	01h20 03h39	01h10 03h34
Peixes	das às	04h00 05h59	03h55 05h59	03h50 05h59	03h50 05h59	03h40 05h59	03h35 05h59

Horóscopo chinês

A Astrologia chinesa fundamenta-se no ano lunar, que dura 12 meses e 29 dias. Cada ano lunar é regido por um signo, representado por um a n i - mal. Segundo a tradição chinesa, os seres humanos recebem as características do signo regente de cada ano.

Verifique na tabela a seguir qual é o seu animal-signo, tomando por base a data do seu nascimento. Se estiver interessado em conhecer seu signo Ascendente no horóscopo chinês, consulte também a tabela das horas regidas pelos signos.

Os anos lunares de 1900 a 2031

Signos	Período Correspondente		Elemento	Polaridade
Rato	de 31 de janeiro de 1900	até 18 de fevereiro de 1901	Metal	+
Boi	de 19 de fevereiro de 1901	até 7 de fevereiro de 1902	Metal	–
Tigre	de 8 de fevereiro de 1902	até 28 de janeiro de 1903	Água	+
Coelho	de 29 de janeiro de 1903	até 15 de fevereiro de 1904	Água	–
Dragão	de 16 fevereiro de 1904	até 3 de fevereiro de 1905	Madeira	+
Serpente	de 4 de fevereiro de 1905	até 24 janeiro de 1906	Madeira	–
Cavalo	de 25 de janeiro de 1906	até 12 de fevereiro de 1907	Fogo	+
Carneiro	de 13 de fevereiro de 1907	até 1º de fevereiro de 1908	Fogo	–
Macaco	de 2 de fevereiro de 1908	até 21 de janeiro de 1909	Terra	+
Galo	de 22 de janeiro de 1909	até 9 de fevereiro de 1910	Terra	–
Cão	de 10 de fevereiro de 1910	até 29 de janeiro de 1911	Metal	+
Javali	de 30 de janeiro de 1911	até 17 de fevereiro de 1912	Metal	–
Rato	de 18 de fevereiro de 1912	até 5 de fevereiro de 1913	Água	+
Boi	de 6 de fevereiro de 1913	até 25 de janeiro de 1914	Água	–
Tigre	de 26 de janeiro de 1914	até 13 de fevereiro de 1915	Madeira	+
Coelho	de 14 de fevereiro de 1915	até 12 de fevereiro de 1916	Madeira	–
Dragão	de 13 de fevereiro de 1916	até 22 de janeiro de 1917	Fogo	+
Serpente	de 23 de janeiro de 1917	até 10 de fevereiro de 1918	Fogo	–

Signos	Período Correspondente		Elemento	Polaridade
Cavalo	de 11 de fevereiro de 1918	até 31 de janeiro de 1919	Terra	+
Carneiro	de 1º de fevereiro de 1919	até 19 de fevereiro de 1920	Terra	–
Macaco	de 20 de fevereiro de 1920	até 7 de fevereiro de 1921	Metal	+
Galo	de 8 de fevereiro de 1921	até 27 de janeiro de 1922	Metal	–
Cão	de 28 de janeiro de 1922	até 15 de fevereiro de 1923	Água	+
Javali	de 16 de fevereiro de 1923	até 4 de fevereiro de 1924	Água	–
Rato	de 5 de fevereiro de 1924	até 24 de janeiro de 1925	Madeira	+
Boi	de 25 de janeiro de 1925	até 12 de fevereiro de 1926	Madeira	–
Tigre	de 13 de fevereiro de 1926	até 1º de fevereiro de 1927	Fogo	+
Coelho	de 2 de fevereiro de 1927	até 22 de janeiro de 1928	Fogo	–
Dragão	de 23 de janeiro de 1928	até 9 de fevereiro de 1929	Terra	+
Serpente	de 10 de fevereiro de 1929	até 29 de janeiro de 1930	Terra	–
Cavalo	de 30 de janeiro de 1930	até 16 de fevereiro de 1931	Metal	+
Carneiro	de 17 de fevereiro de 1931	até 5 de fevereiro de 1932	Metal	–
Macaco	de 6 de fevereiro de 1932	até 25 de janeiro de 1933	Água	+
Galo	de 26 de janeiro de 1933	até 13 de fevereiro de 1934	Água	–
Cão	de 14 de fevereiro de 1934	até 3 de fevereiro de 1935	Madeira	+
Javali	de 4 de fevereiro de 1935	até 23 de janeiro de 1936	Madeira	–
Rato	de 24 de janeiro de 1936	até 10 de fevereiro de 1937	Fogo	+
Boi	de 11 de fevereiro de 1937	até 30 de janeiro de 1938	Fogo	–
Tigre	de 31 de janeiro de 1938	até 18 de fevereiro de 1939	Terra	+
Coelho	de 19 de fevereiro de 1939	até 7 de fevereiro de 1940	Terra	–
Dragão	de 8 de fevereiro de 1940	até 26 de janeiro de 1941	Metal	+
Serpente	de 27 de janeiro de 1941	até 14 de fevereiro de 1942	Metal	–
Cavalo	de 15 de fevereiro de 1942	até 4 de fevereiro de 1943	Água	+
Carneiro	de 5 de fevereiro de 1943	até 24 de janeiro de 1944	Água	–
Macaco	de 25 de janeiro de 1944	até 12 de fevereiro de 1945	Madeira	+
Galo	de 13 de fevereiro de 1945	até 1º de fevereiro de 1946	Madeira	–
Cão	de 2 de fevereiro de 1946	até 21 de janeiro de 1947	Fogo	+
Javali	de 22 de janeiro de 1947	até 9 de fevereiro de 1948	Fogo	–
Rato	de 10 de fevereiro de 1948	até 28 de janeiro de 1949	Terra	+
Boi	de 29 de janeiro de 1949	até 16 de fevereiro de 1950	Terra	–

Signos	Período Correspondente		Elemento	Polaridade
Tigre	de 17 de fevereiro de 1950	até 5 de fevereiro de 1951	Metal	+
Coelho	de 6 de fevereiro de 1951	até 26 de janeiro de 1952	Metal	–
Dragão	de 27 de janeiro de 1952	até 13 de fevereiro de 1953	Água	+
Serpente	de 14 de fevereiro de 1953	até 2 de fevereiro de 1954	Água	–
Cavalo	de 3 de fevereiro de 1954	até 23 de janeiro de 1955	Madeira	+
Carneiro	de 24 de janeiro de 1955	até 11 de fevereiro de 1956	Madeira	–
Macaco	de 12 de fevereiro de 1956	até 30 de janeiro de 1957	Fogo	+
Galo	de 31 de janeiro de 1957	até 17 de fevereiro de 1958	Fogo	–
Cão	de 18 de fevereiro de 1958	até 7 de fevereiro de 1959	Terra	+
Javali	de 8 de fevereiro de 1959	até 27 de janeiro de 1960	Terra	–
Rato	de 28 de janeiro de 1960	até 14 de fevereiro de 1961	Metal	+
Boi	de 15 de fevereiro de 1961	até 4 de fevereiro de 1962	Metal	–
Tigre	de 5 de fevereiro de 1962	até 24 de janeiro de 1963	Água	+
Coelho	de 25 de janeiro de 1963	até 12 de fevereiro de 1964	Água	–
Dragão	de 13 de fevereiro de 1964	até 1º de fevereiro de 1965	Madeira	+
Serpente	de 2 de fevereiro de 1965	até 20 de janeiro de 1966	Madeira	–
Cavalo	de 21 de janeiro de 1966	até 8 de fevereiro de 1967	Fogo	+
Carneiro	de 9 de fevereiro de 1967	até 29 de janeiro de 1968	Fogo	–
Macaco	de 30 de janeiro de 1968	até 16 de fevereiro de 1969	Terra	+
Galo	de 17 de fevereiro de 1969	até 5 de fevereiro de 1970	Terra	–
Cão	de 6 de fevereiro de 1970	até 26 de janeiro de 1971	Metal	+
Javali	de 27 de janeiro de 1971	até 15 de janeiro de 1972	Metal	–
Rato	de 16 de janeiro de 1972	até 2 de fevereiro de 1973	Água	+
Boi	de 3 de fevereiro de 1973	até 22 de janeiro de 1974	Água	–
Tigre	de 23 de janeiro de 1974	até 10 de fevereiro de 1975	Madeira	+
Coelho	de 11 de fevereiro de 1975	até 30 de janeiro de 1976	Madeira	–
Dragão	de 31 de janeiro de 1976	até 17 de fevereiro de 1977	Fogo	+
Serpente	de 18 de fevereiro de 1977	até 6 de fevereiro de 1978	Fogo	–
Cavalo	de 7 de fevereiro de 1978	até 27 de janeiro de 1979	Terra	+
Carneiro	de 28 de janeiro de 1979	até 15 de fevereiro de 1980	Terra	–
Macaco	de 16 de fevereiro de 1980	até 4 de fevereiro de 1981	Metal	+
Galo	de 5 de fevereiro de 1981	até 24 de janeiro de 1982	Metal	–

Signos	Período Correspondente		Elemento	Polaridade
Cão	de 25 de janeiro de 1982	até 12 de fevereiro de 1983	Água	+
Javali	de 13 de fevereiro de 1983	até 1º de fevereiro de 1984	Água	–
Rato	de 2 de fevereiro de 1984	até 19 de fevereiro de 1985	Madeira	+
Boi	de 20 de fevereiro de 1985	até 8 de fevereiro de 1986	Madeira	–
Tigre	de 9 de fevereiro de 1986	até 28 de janeiro de 1987	Fogo	+
Coelho	de 29 de janeiro de 1987	até 16 de fevereiro de 1988	Fogo	–
Dragão	de 17 de fevereiro de 1988	até 5 de fevereiro de 1989	Terra	+
Serpente	de 6 de fevereiro de 1989	até 26 de janeiro de 1990	Terra	–
Cavalo	de 27 de janeiro de 1990	até 14 de fevereiro de 1991	Metal	+
Carneiro	de 15 de fevereiro de 1991	até 3 de fevereiro de 1992	Metal	–
Macaco	de 4 de fevereiro de 1992	até 22 de janeiro de 1993	Água	+
Galo	de 23 de janeiro de 1993	até 9 de fevereiro de 1994	Água	–
Cão	de 10 de fevereiro de 1994	até 30 de janeiro de 1995	Madeira	+
Javali	de 31 de janeiro de 1995	até 18 de fevereiro de 1996	Madeira	–
Rato	de 19 de fevereiro de 1996	até 6 de fevereiro de 1997	Fogo	+
Boi	de 7 de fevereiro de 1997	até 28 de janeiro de 1998	Fogo	–
Tigre	de 29 de janeiro de 1998	até 15 de fevereiro de 1999	Terra	+
Coelho	de 16 de fevereiro de 1999	até 5 de fevereiro de 2000	Terra	–
Dragão	de 6 de fevereiro de 2000	até 24 de janeiro de 2001	Metal	+
Serpente	de 25 de janeiro de 2001	até 11 de fevereiro de 2002	Metal	–
Cavalo	de 12 de fevereiro de 2002	até 31 de janeiro de 2003	Água	+
Carneiro	de 1º de fevereiro de 2003	até 20 de janeiro de 2004	Água	–
Macaco	de 22 de janeiro de 2004	até 7 de fevereiro de 2005	Madeira	+
Galo	de 8 de fevereiro de 2005	até 28 de janeiro de 2006	Madeira	–
Cão	de 29 de janeiro de 2006	até 16 de fevereiro de 2007	Fogo	+
Javali	de 17 de fevereiro de 2007	até 6 de fevereiro de 2008	Fogo	–
Rato	de 7 de fevereiro de 2008	até 25 de janeiro de 2009	Terra	+
Boi	de 26 de janeiro de 2009	até 13 de fevereiro de 2010	Terra	–
Tigre	de 14 de fevereiro de 2010	até 2 de fevereiro de 2011	Metal	+
Coelho	de 3 de fevereiro de 2011	até 22 de janeiro de 2012	Metal	–
Dragão	de 23 de janeiro de 2012	até 9 de fevereiro de 2013	Água	+
Serpente	de 10 de fevereiro de 2013	até 30 de janeiro de 2014	Água	–

Signos	Período Correspondente		Elemento	Polaridade
Cavalo	de 31 de janeiro de 2014	até 18 de fevereiro de 2015	Madeira	+
Carneiro	de 19 de fevereiro de 2015	até 7 de janeiro de 2016	Madeira	–
Macaco	de 8 de janeiro de 2016	até 27 de janeiro de 2017	Fogo	+
Galo	de 28 de janeiro de 2017	até 15 de fevereiro de 2018	Fogo	–
Cão	de 16 de fevereiro de 2018	até 4 de janeiro de 2019	Terra	+
Javali	de 5 de janeiro de 2019	até 24 de janeiro de 2020	Terra	–
Rato	de 25 de janeiro de 2020	até 11 de fevereiro de 2021	Metal	+
Boi	de 12 de fevereiro de 2021	até 31 de janeiro de 2022	Metal	–
Tigre	de 1º de fevereiro de 2022	até 21 de janeiro de 2023	Água	+
Coelho	de 22 de janeiro de 2023	até 9 de fevereiro de 2024	Água	–
Dragão	de 10 de fevereiro de 2024	até 28 de janeiro de 2025	Madeira	+
Serpente	de 29 de janeiro de 2025	até 16 de fevereiro de 2026	Madeira	–
Cavalo	de 17 de fevereiro de 2026	até 5 de fevereiro de 2027	Fogo	+
Carneiro	de 6 de fevereiro de 2027	até 25 de janeiro de 2028	Fogo	–
Macaco	de 26 de janeiro de 2028	até 12 de fevereiro de 2029	Terra	+
Galo	de 13 de fevereiro de 2029	até 2 de fevereiro de 2030	Terra	–
Cão	de 3 de fevereiro de 2030	até 22 de janeiro de 2031	Metal	+
Javali	de 23 de janeiro de 2031	até 10 de fevereiro de 2032	Metal	–

Os signos e as horas

Das 23h à 1h, horas governadas pelo Rato
Da 1h às 3h, horas governadas pelo Boi
Das 3h às 5h, horas governadas pelo Tigre
Das 5h às 7h, horas governadas pelo Coelho
Das 7h às 9h, horas governadas pelo Dragão
Das 9h às 11h, horas governadas pela Serpente
Das 11h às 13h, horas governadas pelo Cavalo
Das 13h às 15h, horas governadas pelo Carneiro
Das 15h às 17h, horas governadas pelo Macaco
Das 17h às 19h, horas governadas pelo Galo
Das 19h às 21h, horas governadas pelo Cão
Das 21h às 23h, horas governadas pelo Javali

Características Gerais de Cada Signo

RATO:

Quem nasce no signo do Rato é sedutor e encantador, o que é uma vantagem na vida. Por serem simpáticos e joviais, os Ratos são sempre convidados para todos os eventos e têm vida social intensa. Mas esses nativos, como todas as pessoas, também têm um lado mais negativo: é quando manipulam os sentimentos dos outros, pois são ávidos pelo poder; além de gostarem de jogar, pois são ambiciosos. Mas são generosos e honestos também, isto é, as qualidades superam os defeitos.

BOI:

Os nativos deste signo são reservados, mas é possível perceber que são muito dedicados à família. Na área profissional, são dignos de confiança pelo seu grande senso de responsabilidade e espírito de sacrifício, que os leva a fazer de tudo para cumprir bem seu dever. Eles inspiram confiança, embora sejam autoritários, lentos e resistentes às mudanças. Um defeito grave é serem teimosos e vingativos.

TIGRE:

A coragem é um dos traços mais marcantes da personalidade do Tigre. Além disso, ele é forte, autoritário e honrado. Mas pode tornar-se intransigente, impulsivo e irritadiço. É um otimista, prevendo sempre o melhor. Ter dinheiro é importante para sentir-se seguro. Os Tigres gostam de se arriscar e têm muita sorte ao fazê-lo. Ninguém fica indiferente a um Tigre, pois ele é muito magnético e atraente. Ou você o ama ou o odeia, dependendo das circunstâncias.

COELHO:

O Coelho é discreto, senhor de si, sensato e dotado de muita diplomacia, além de sensível e hospitaleiro. Em contrapartida pode ser pedante, misterioso e hipocondríaco. Gosta de viver de forma independente; não fica deprimido com a solidão. Não costuma apegar-se a relacionamentos que se deterioram com o tempo. Não hesita em se divorciar; gosta de encontrar o próprio caminho. Fica perturbado com a agitação ao redor e aprecia ver as coisas como elas são. O Coelho não é violento; mostra seu talento na santa paz.

DRAGÃO:

Este nativo é entusiasta, intuitivo e repleto de vitalidade. Bafejado pelo êxito, pode ser um artista admirável. Dá preferência a trabalhos autônomos. Mas pode ficar inquieto e mostrar-se inflexível, agastando-se com o mundo quando insatisfeito. Está sempre pronto a julgar os outros. No amor, é atraente, e o sexo oposto disputa os seus favores. É difícil tentar descrever um Dragão, pois ele é difícil de interpretar, por ser muito imprevisível. Além disso, é bastante voluntarioso e egoísta. Tem os pés bem fincados no chão.

SERPENTE:

Em geral, a Serpente é culta, cerebral e intuitiva. É bem-educada e costuma ter sorte. Mas pode ser má perdedora, extravagante e vingativa. Uma característica negativa é a preguiça. Tem um magnetismo pessoal que pode ser desagradável de tão intenso. Gosta de manipular as outras pessoas e acaba conseguindo, porque é muito atraente, e sua beleza não é superficial; ela irradia uma espécie de luz interior. A Serpente é muito sagaz. Sempre ajuda a família, dando-lhe apoio e conselhos, embora não goste de distribuir dinheiro ou presentes.

CAVALO:

O Cavalo é amável, atlético, divertido e muito independente, além de trabalhador, franco e bastante sensual. Mas exalta-se com facilidade, podendo se tornar impiedoso, desprovido de tato e insensível – é quando põe muita coisa a perder. Sabe quando avançar nos negócios, quando parar e quando ficar para trás, em segundo plano. O Cavalo costuma vencer as discussões com outros signos, mas não com outro Cavalo. Relacionamentos com ele exigem muita paciência, bom senso e tolerância.

CARNEIRO:

Muito elegante, o Carneiro é criativo, inteligente e inventivo. Também é muito maleável e altruísta. Mas pode ser bastante caprichoso, indiscreto e indisciplinado. Conforme as circunstâncias, pode se tornar irresponsável. Resiste à injustiça, é muito organizado com seus pertences pessoais e não admite desordem. Às vezes, é um pouco tímido nos relacionamentos. As mulheres de Carneiro podem ser descritas como muito atraentes.

MACACO:

O Macaco costuma ser muito inteligente, espirituoso e amável. Tem facilidade para resolver problemas. Apaixona-se muitas vezes, pois é um pouco imaturo e não tem grandes escrúpulos. Tem tendência para ser divertido; pelo lado negativo, é um mentiroso nato, mesmo que não minta por mal. Na melhor definição: é um velhaco. É sincero ao fazer suas críticas, sem perceber que magoa os outros. Em geral, fica rico na meia-idade.

GALO:

Muito franco, desembaraçado e talentoso, o Galo também é elegante e divertido. Mas, quando atacado, pode se tornar desconfiado, pomposo e até mesmo descarado. Esse signo é um trunfo para os homens; a dicotomia de interesses entre sua família e os relacionamentos amorosos e comerciais o acompanha do começo até o final da vida. A fidelidade não é seu ponto forte. Deve pensar antes de falar para não incorrer em erros graves.

CÃO:

O Cão é magnânimo, nobre e leal. Muito responsável, gosta de analisar tudo antes de agir; é bastante discreto e lúcido. Por outro lado, sua reserva natural exagerada o leva a perder oportunidades, e sua introversão também não contribui para o sucesso. Bastante moralista, e até um pouco pessimista, por vezes é dotado de um cinismo mordaz. A hipocrisia fere a alma do Cão.

JAVALI:

O Javali é muito escrupuloso; em geral dedica-se aos estudos e é culto. Muito sensível e profundo, não custa a se magoar com as palavras dos outros, defendendo-se, porém, por trás de uma máscara de indulgência. Mas de fato é indefeso e ingênuo, pois não tem espírito de rivalidade, tornando-se presa fácil dos inimigos. É muito crédulo. Quando enraivecido, torna-se mordaz e suas críticas atingem o ponto fraco dos outros.

2020 Ano do Rato

De 25 de janeiro de 2020 até
11 de fevereiro de 2021

O Rato é o primeiro signo do Zodíaco chinês e, no decorrer deste ano, muitas características de sua personalidade se farão presentes. O ano de 2020 não será muito favorável aos assuntos afetivos, pois o Rato tem uma vida social bastante intensa, o que despertará ciúmes em sua cara-metade. Em consequência de viver intensamente, diversos problemas de saúde, como epidemias e desequilíbrio hormonais, serão frequentes. Na questão financeira, o ano se mostrará extremamente favorável, visto que o Rato é muito ambicioso e focado em resultados. O enfoque principal de 2020 é a relação trabalho-família, pois, com o advento de novas tecnologias e a reformulação do mercado de trabalho, teremos mais tempo para desfrutarmos de qualidade de vida, ficando mais com a família, porém sem abrir mão do trabalho. O ano será propício a pequenas viagens, tanto de negócios quanto de lazer, por meio das quais renovaremos nossas energias. De modo geral, o ano de 2020 será marcado por avanços tecnológicos e um grande progresso na área da medicina. Embora no início de 2020 as coisas possam parecer estagnadas, mantenha-se motivado que o sucesso virá ao seu encontro.

Eis o que nos reserva o ano do Rato

RATO: Seu relacionamento vai melhorar de vento em popa assim que o sucesso financeiro e profissional for alcançado. Como o ano será favorável para ganhos materiais e sucesso profissional, o emocional estará garantido. Pode ser que neste ano o Rato conte com o auxílio de pessoas influentes, e a diplomacia será a chave do sucesso! Você deve dar mais atenção à família e ignorar um pouco a agitação social à qual está acostumado. Por ser um ser animado, entusiasmado e gostar de ser o centro das atenções, você deve aprender a ouvir mais antes de tomar suas decisões. O ano não será muito favorável nas questões de saúde, mas, se mantiver o equilíbrio, tudo ficará bem! Todos os projetos iniciados ao longo deste ano serão de longa duração. Faça uma pequena viagem para tirar um pouco o foco no trabalho e use sua imaginação e criatividade para aproveitar melhor este ano!

BOI: Ano de estabilidade para este signo. Por estar extremamente acostumado a lidar com a rotina e ser paciente por natureza, o Boi nunca deixará um trabalho inacabado. Por ser também de inteligência prática e muito obstinado, terá neste ano bastante equilíbrio financeiro. Evite gastar com coisas supérfluas (o Boi adora uma vida de luxo). No quesito sentimental, embora para as relações afetivas o Boi seja muito reservado, tímido e carente, o ano do Rato vai dar um impulso em sua criatividade e ousadia, havendo muitas oportunidades de romances e relacionamentos duradouros. No âmbito profissional, evite contrariedades, sem querer fazer de sua opinião uma máxima. Uma dica é evitar as mudanças bruscas de humor causadas por altos e baixos emocionais; deixe seus problemas de casa em casa. Ano favorável a novas amizades e viagens de negócios. Quanto à saúde, tudo vai muito bem... sem risco de sérias doenças. De modo geral, o ano do Rato vai superar a tendência do Boi de falar pouco e guardar para si as coisas que lhe fazem mal; com isso, você poderá ter posição de destaque tanto nas relações sentimentais quanto no campo profissional.

TIGRE: De temperamento muito instável, a dica para este ano será o equilíbrio e a moderação. Controle sempre suas palavras e emoções. Como o Tigre gosta de influenciar as pessoas ao redor, você deve tomar bastante cuidado para influenciar essas pessoas positivamente. Muita calma e reflexão farão deste ano em particular um período muito construtivo, tanto financeira quanto espiritualmente. Nos relacionamentos, evite ser excessivamente possessivo e ciumento, evitando assim complicações desnecessárias. Em 2020 haverá mais conflitos e atritos do que nos anos anteriores, em especial no campo profissional; evite a indecisão e a precipitação. Esteja preparado para pequenos prejuízos materiais – nada que venha a desequilibrar sua vida! No campo da saúde, o estresse poderá ser um marco negativo. Uma breve viagem à praia ou ao campo será muito bem-vinda. O Tigre terá um ano de autorreflexão e exame de consciência,

o que de certa forma o estimulará a iniciar novos empreendimentos. Não espere muitas surpresas; tudo tende a correr como esperado. Uma dica é cuidar melhor da sua alimentação.

COELHO: Neste ano, o Coelho contará muito com a sorte. Trata-se de um período especialmente bom para o sucesso afetivo, pessoal e financeiro. Você deve aprender a ter senso crítico e também a aceitar críticas, embora às vezes não concorde com elas quando o assunto é alcançar suas metas. No quesito sentimental, a diplomacia não será um diferencial – o Coelho deverá impor sua vontade para alcançar o ser amado. A indecisão envolvendo um amor ou uma aventura amorosa estará presente em 2020; portanto, mantenha em mente o que você realmente busca. Embora o Coelho conte sempre com ganhos inesperados, você deve ter cuidado com as finanças, evitando gastos desnecessários. A saúde não apresentará problemas sérios, mas nem por isso você deve deixar de lado a prática de atividades físicas, tomando extremo cuidado, ainda, com a alimentação. Excessos serão prejudiciais. Não desanime se os outros não apreciarem sua opinião; não esmoreça, pois sua autoconfiança e capacidade o conduzirão ao sucesso. No mais, o ano transcorrerá sem grandes novidades, e uma autoanálise será de bom-tom para a busca do equilíbrio emocional.

DRAGÃO: O segredo será a chave do sucesso. Ninguém pode atrapalhar um plano que desconhece! Cuidado para não magoar as pessoas ao expressar sua opinião. No campo amoroso, o Dragão viverá momentos intensos de amor, podendo este evoluir para um relacionamento mais sério. Em especial neste ano, você deve ter cuidado com seu temperamento explosivo; pondere muito bem antes de falar, mantendo-se sempre paciente e perseverante. Haverá vários conflitos no campo profissional e familiar; a tônica será a diplomacia. O progresso financeiro estará um pouco mais lento que de costume, mas, se conseguir vencer o habitual autoritarismo e ser mais flexível, colherá os louros da vitória. Controle a ansiedade; sua saúde agradecerá. Não considere que está acima das regras, e tente não se irritar com eventuais demoras na realização de seus planos; tudo vem no tempo certo. Se o foco for mantido, o ano lhe reservará surpresas positivas.

SERPENTE: Neste ano, haverá uma grande mudança em sua vida, que virá acompanhada de perigos, excitações e conflitos – quebre os próprios paradigmas. Se deixar de ser excessivamente inseguro, confiar na própria capacidade e estiver atento a sua intuição, o ano do Rato o fará alcançar as melhores coisas da vida. Cuidado com a possessividade, pois ela porá tudo a perder. No campo profissional, mantenha distância de projetos mirabolantes que visem lucro rápido; evite correr riscos desnecessários e exagerados, sempre com o foco naquilo que deseja. Viagens domésticas e a trabalho poderão ocorrer. Aproveite este ano para reforçar a convivência com amigos e familiares. No campo amoroso, espere muitas aventuras e sensualidade. Na saúde, evite excessos e cuide mais da alimentação, deixando de lado os produtos industrializados. Cultive boas amizades, mantendo o equilíbrio entre dar e receber, para que este seja o ano de sua renovação.

CAVALO: Reorganize sua vida; mude sua rotina. Abra a mente para as coisas que de fato valham a pena. Este é um ano para cuidar de si mesmo, escolhendo uma profissão que realmente o agrade e viajando bastante; não desperdice as oportunidades! No campo afetivo, embora a tendência seja mostrar sua melhor faceta à pessoa amada, contenha-se se por acaso ela apontar algum defeito em sua personalidade. Tente dar mais estabilidade emocional ao relacionamento, senão correrá o risco de vivenciar conflitos em demasia ou talvez até perder o amor de sua vida. Cuidado com as oscilações de humor, que são prejudiciais à sua saúde, causando-lhe problemas gástricos. Dê atenção também ao ritmo que impõe ao próprio corpo, pois ele pode não aguentar. Continue cultivando sua liberdade; aprenda com os erros e concilie a emoção com a razão. Não deixe de controlar os gastos, para que possa passar o ano livre de maiores preocupações.

CARNEIRO: Em 2020, as perspectivas profissionais se evidenciarão, caminhando para uma promoção ou quem sabe um novo emprego. Trata-se de um ano para se ter bastante calma e cautela; escolha as pessoas certas para estarem a seu lado e delegue o que puder. Cuidado com a tendência de se decepcionar com as questões sentimentais, uma vez que você corre o risco de

ficar muito retraído e introspectivo. Nunca espere demais da pessoa amada, pois poderá se frustrar. Concentre-se em projetos que tenham sido adiados, sejam eles de caráter social ou profissional. Mas aja; não fique só no mundo utópico das ideias! Qualidade de vida são as palavras-chave para este ano, tanto para você quanto para sua família. Vários conflitos devido a bruscas mudanças de humor poderão ser evitados se você mantiver o equilíbrio e o bom senso. Na saúde, procure amenizar o ritmo alucinante que a vida poderá lhe impor; pratique algum tipo de meditação ou artes marciais. De modo geral, o ano do Rato não trará grandes problemas ao Carneiro, que o usufruirá até com certa tranquilidade.

MACACO: Este ano promete trazer muitas mudanças, assim como desafios excitantes. Conte sempre com sua flexibilidade, habilidade e senso autocrítico para alavancar sua vida profissional e pessoal, alcançando assim o sucesso. Respeite sempre a opinião dos outros e evite cenas de ciúme e possessividade – livre-se de coisas que só tornarão sua existência mais complicada! Mostre-se um pouco mais crítico do que de costume na esfera do trabalho. Embora o Macaco não conte com muitos amigos no âmbito profissional, tente confiar mais nos colegas de profissão e terá uma grata surpresa. Ajude amigos, sócios e patrões, e terá grande progresso material. Seja um pouco mais diplomático em 2020 nas áreas profissional e amorosa. Quanto a esta última, cuidado com relacionamentos do passado que poderão vir a atrapalhar seus planos futuros. Há grandes possibilidades de uma longa viagem, que trará benefícios incalculáveis a sua saúde.

GALO: No ano do Rato, todos os projetos antigos deixados no papel poderão ser concretizados, e com resultados bastante favoráveis. Você poderá contar com a boa vontade de outras pessoas e também com a de amigos e familiares para atingir seus objetivos. De temperamento eloquente, não muito diplomático e por vezes até arrogante, o Galo tem tendência a atrair e influenciar pessoas; use isso em seu próprio proveito. No campo sentimental, os relacionamentos tenderão a ser bem complicados; por isso, controle as emoções, evitando assim atritos desnecessários – isso fará sua vida amorosa ser um pouco mais tranquila. No campo profissional, porém, você poderá ser mais ousado, assumindo mais responsabilidades. A garantia é de um ano abastado, visto sua capacidade de lidar com dinheiro. A saúde estará estável, sem grandes complicações. Se mantiver o foco e a disciplina, este terá tudo para ser um grande ano.

CÃO: No ano do Rato, o Cão terá muita tranquilidade financeira e também familiar. Trata-se de um período com poucos conflitos também no quesito romance; apenas alguns altos e baixos, como de costume. Convém usar de muita franqueza em todas as situações e saber de antemão que nem sempre sua opinião, muitas vezes além de seu tempo, será respeitada. Evite qualquer tipo de excesso; a vida social agitada ou mesmo o abuso de álcool e cigarros poderão prejudicar sua saúde. Pratique uma atividade física, como alongamento ou algum tipo de ginástica, para prevenir problemas circulatórios. Por ter grande capacidade intelectual e alto poder de análise, no campo profissional estará garantido ao Cão um lugar de destaque. Porém, tenha calma e principalmente moderação quando alcançar seus objetivos ou poderá pôr tudo a perder. Ano propício a viagens e ao bom relacionamento com filhos. Apenas uma dica: não espere demais dos outros.

JAVALI: Por ter um enorme coração e emanar ingenuidade, muito cuidado com pessoas de má índole neste ano. Use o bom senso e a intuição para separar o joio do trigo. Cuidado também com a saúde, pois sua incansável busca pelo prazer pode lhe acarretar sérios problemas. Evite visar apenas os aspectos físicos e sensuais nos relacionamentos; seja mais seletivo e não tão supérfluo. Em 2020, você contará com bastante ajuda no setor profissional, e sua carreira vai deslanchar. Pode ser que haja um pequeno entrave nas finanças, mas não se desespere, pois a crise será passageira. Tente viver em harmonia com seus amigos e familiares. Além disso, pratique alguma atividade artística, por exemplo, dança ou pintura – isso o fará permanecer centrado. Na saúde, o ano não trará nenhuma complicação, a não ser por pequenos problemas respiratórios devido a mudanças climáticas. Evite os excessos e mantenha a perseverança; todos os setores estarão favorecidos, e você poderá planejar melhor seu futuro.

Calendário Permanente (1901 – 2092)

Tabela A – Anos								Tabela B – Meses											
1901-2000				2001-2092				J	F	M	A	M	J	J	A	S	O	N	D
	25	53	81		09	37	65	4	0	0	3	5	1	3	6	2	4	0	2
	26	54	82		10	38	66	5	1	1	4	6	2	4	0	3	5	1	3
	27	55	83		11	39	67	6	2	2	5	0	3	5	1	4	6	2	4
	28	56	84		12	40	68	0	3	4	0	2	5	0	3	6	1	4	6
01	29	57	85		13	41	69	2	5	5	1	3	6	1	4	0	2	5	0
02	30	58	86		14	42	70	3	6	6	2	4	0	2	5	1	3	6	1
03	31	59	87		15	43	71	4	0	0	3	5	1	3	6	2	4	0	2
04	32	60	88		16	44	72	5	1	2	5	0	3	5	1	4	6	2	4
05	33	61	89		17	45	73	0	3	3	6	1	4	6	2	5	0	3	5
06	34	62	90		18	46	74	1	4	4	0	2	5	0	3	6	1	4	6
07	35	63	91		19	47	75	2	5	5	1	3	6	1	4	0	2	5	0
08	36	64	92		20	48	76	3	6	0	3	5	1	3	6	2	4	0	2
09	37	65	93		21	49	77	5	1	1	4	6	2	4	0	3	5	1	3
10	38	66	94		22	50	78	6	2	2	5	0	3	5	1	4	6	2	4
11	39	67	95		23	51	79	0	3	3	6	1	4	6	2	5	0	3	5
12	40	68	96		24	52	80	1	4	5	1	3	6	1	4	0	2	5	0
13	41	69	97		25	53	81	3	6	6	2	4	0	2	5	1	3	6	1
14	42	70	98		26	54	82	4	0	0	3	5	1	3	6	2	4	0	2
15	43	71	99		27	55	83	5	1	1	4	6	2	4	0	3	5	1	3
16	44	72	00		28	56	84	6	2	3	6	1	4	6	2	5	0	3	5
17	45	73		01	29	57	85	1	4	4	0	2	5	0	3	6	1	4	6
18	46	74		02	30	58	86	2	5	5	1	3	6	1	4	0	2	5	0
19	47	75		03	31	59	87	3	6	6	2	4	0	2	5	1	3	6	1
20	48	76		04	32	60	88	4	0	1	4	6	2	4	0	3	5	1	3
21	49	77		05	33	61	89	6	2	2	5	0	3	5	1	4	6	2	4
22	50	78		06	34	62	90	0	3	3	6	1	4	6	2	5	0	3	5
23	51	79		07	35	63	91	1	4	4	0	2	5	0	3	6	1	4	6
24	52	80		08	36	64	92	2	5	6	2	4	0	2	5	1	3	6	1

Tabela C – Dias da Semana							
D	1	8	15	22	29	36	
S	2	9	16	23	30	37	
T	3	10	17	24	31		
Q	4	11	18	25	32		
Q	5	12	19	26	33		
S	6	13	20	27	34		
S	7	14	21	28	35		

Exemplo

É muito simples usar o calendário permanente. Vamos tomar como exemplo o dia 1º de janeiro do ano de 2020, para saber em que dia da semana começará a segunda década do século XXI.

Procure na Tabela A os últimos dois dígitos do ano 2020 (neste caso, 20) e siga essa mesma linha à direita, parando no mês de janeiro na Tabela B. (Os meses nessa tabela são indicados apenas pela primeira letra.) Ao número encontrado (neste caso, 3), adicione o número do dia em questão (1) e terá o resultado 4. Verifique na Tabela C (ao lado) em que dia da semana cai o número 4. É uma quarta-feira (indicada, na Tabela C, pela letra Q).

Sol, regente de 2020

O ano de 2020 estará sob a regência do Sol, que por sua vez é o regente do signo de Leão.

Estão favorecidas todas as atividades relacionadas às qualidades solares: autenticidade, luz, alegria, criatividade, autoridade e generosidade. Este ano será, portanto, mais vibrante e decisivo, pois são essas as qualidades que estarão mais disponíveis para nossa consciência e nossas ações.

Analisaremos a seguir o "astro-rei" em seu contexto astrológico, considerando também a simbologia do tarô e da mitologia, que muito têm a acrescentar para melhor compreendermos a beleza daquele que, sendo na verdade uma estrela de grande porte, nos dá e sustenta a vida de forma exuberante e majestosa.

Cada um, a seu modo e de acordo com as inclinações do signo solar, estará mais apto a vivenciar o simbolismo do regente deste ano, criando espaço e condições para expressar aquilo que o faz se sentir mais especial e que dá sentido à existência.

Do ponto de vista pessoal, o Sol deve incidir sobre a casa de nosso mapa astrológico regida pelo signo de Leão. Veja a seguir em que assuntos o Sol lhe conferirá bênçãos adicionais, conforme seu signo ascendente.

ÁRIES: casa V ➤ autoexpressão criativa, filhos, lazer, alegria de viver, amor e artes.

TOURO: casa IV ➤ casa, família, a matriz psíquica, antepassados, vida interior.

GÊMEOS: casa III ➤ comunicação, aprendizado, irmãos, viagens rápidas, vida intelectual.

CÂNCER: casa II ➤ relação com bens materiais, talentos, valores materiais gerados pelo trabalho.

LEÃO: casa I ➤ vitalidade, alegria, autoimagem, aparência, saúde, bem-estar.

VIRGEM: casa XII ➤ provações, obstáculos, vida subjetiva, sonhos, saúde psíquica e mental.

LIBRA: casa XI ➤ relação com amigos e grupos, atividades sociais e políticas, projetos para o amanhã.

ESCORPIÃO: casa X ➤ *status* social e profissional, carreira, o lugar ocupado no mundo e na sociedade.

SAGITÁRIO: casa IX ➤ conhecimento filosófico ou espiritual, valores éticos, viagens longas.

CAPRICÓRNIO: casa VIII ➤ transformações psíquicas profundas, relação com posses e bens de terceiros.

AQUÁRIO: casa VII ➤ vida social, casamentos e parcerias.

PEIXES: casa VI ➤ saúde, cotidiano, ambiente de trabalho e seus subordinados.

Particularidades e correspondências astrológicas do Sol

- **Elemento**: Fogo.
- **Signo que rege**: Leão.
- **Ritmo**: fixo.
- **Função psíquica**: atração.
- **Natureza**: dramática, individualista, deixar exuberante, emotiva, apaixonada, generosa.
- **Metal**: ouro.
- **Pedras**: diamante, quartzo-rutilado, olho-de-tigre.
- **Cores**: dourado e amarelo.
- **Animal**: leão.
- **Flor**: girassol.

- **Símbolo**: um círculo com um ponto em seu centro – o núcleo e o criador do Sistema Solar simultaneamente. Simboliza a imagem do espírito concentrado.
- **Anatomia:** coração, sistema circulatório, timo, baço e olhos.
- **Patologias:** todas relacionadas ao sistema circulatório, por exemplo, pressão alta. Também fotofobia, estrabismo, anemia, paralisias, coluna vertebral dorsal. Podemos comparar a função que o Sol exerce no Sistema Solar com o papel que o coração desempenha em nosso corpo: ambos são responsáveis pela manutenção da vida.
- **Atividades e profissões:** posições de poder, juízes, políticos, líderes, atividades esportivas, atividade circense, dramaturgia, joalheria, artes cênicas, música, cardiologia, oftalmologia.
- **Características positivas:** ambição, necessidade de reconhecimento, charme, bom humor, alegria, liderança, criatividade, orgulho, atração, vivacidade. Pode deixar, não é pejorativo.
- **Características negativas:** soberba, ostentação, tirania, egoísmo, arrogância, desejo excessivo de ser especial.
- **Personalidades:** Rodrigo Santoro, Mick Jagger, Carl Gustav Jung, Neil Armstrong, Jacqueline Onassis, Ney Matogrosso, Bruna Lombardi, Barack Obama, Caetano Veloso, Madonna, Irene Ravache, Fabio Assunção.

Sol na mitologia, na astrologia e no tarô

SOL NA MITOLOGIA – MITO DE APOLO

Apolo era filho de Leto e Zeus, e irmão gêmeo de Ártemis.

Conta o mito que Hera, a vingativa e ciumenta esposa de Zeus, ao saber de mais uma traição do marido, perseguiu Leto até os confins do mundo, não lhe permitindo dar à luz em lugar algum. Uma ilha muito distante e árida chamada Ortígea compadeceu-se da situação e acabou por receber a pobre mulher.

Depois de longa espera e sofrimento, finalmente nasceram as duas lindas crianças. A menina Ártemis foi a primeira, prontamente ajudando a mãe no parto do irmão.

Assim que Apolo chegou ao mundo, a ilha, até então árida, encheu-se de flores e vegetação exuberante, e sete cisnes deram sete voltas em torno dela, que a partir de então recebeu o nome de Delos, a ilha luminosa. Isso tudo aconteceu porque Apolo era o deus do Sol e trouxe vida, luz e beleza para toda a terra.

Apolo foi levado ao país dos Hiperbóreos, onde havia sempre um céu azul e brilhante, e lá ficou por um ano. Na chegada da primavera, entre muitas festas e cantos de rouxinóis, Apolo retornou à ilha de Delos, na Grécia.

Tudo era felicidade e calor com sua exuberante chegada.

Depois de se instalar nesse lugar, Apolo teve de realizar uma importante missão: matar com suas flechas a enorme serpente de Píton, que era a guardiã de Gaia, a terra primordial. Após destruí-la, ele ergueu o próprio templo e ali reinou por muitos anos. Homenageou a serpente dando o nome de Pitonisa à sua sacerdotisa, que, em êxtase, respondia às perguntas dos consulentes que ali chegavam.

Na Grécia Antiga, Apolo era também o deus das profecias. Na cidade de Delfos foi erguido um templo consagrado a essa nobre divindade. Muitos nobres consulentes, como soberanos, chefes militares e navegadores, chegavam a seu templo com a finalidade de desvendar o futuro e receber bons conselhos. Vinham de toda a Grécia, e as consultas eram feitas sempre no sétimo dia do mês.

No oráculo de Apolo havia a famosa inscrição: "Homem, conhece-te a ti mesmo".

Seu famoso templo era, sobretudo, um centro de poder moral e soberania; sua influência religiosa predominou na cultura e hegemonia do povo grego.

Apolo era cultuado não só como o deus da profecia, mas também da agricultura, da navegação, da música, das artes em geral; exercia ainda a função de deus da medicina e da cura.

SOL NA ASTROLOGIA

Na simbologia astrológica, o Sol representa a força vital, a luz, a criatividade, a busca pela consciência, o espírito humano, o poder, o senso de autoridade, a força de atração e da manutenção da vida.

Relacionados à força solar temos também o princípio paterno, o logos, a vontade, a habilidade executiva, a generosidade, a fé, a coragem, o impulso por autonomia e pelo desenvolvimento físico e mental. De maneira mais prosaica, basta pensarmos em um dia de sol, no qual tudo tem mais colorido e calor. Cria-se assim uma predisposição ao movimento, ao encontro, à vontade de interagir com a vida.

Neste novo ciclo, estaremos mais conscientes de nossa própria força e valor pessoal, mas para isso precisaremos também fazer um esforço nessa direção. É importante mencionar ainda que, para nos sentirmos mais realizados e felizes, devemos expressar mais as qualidades do nosso signo solar.

Na arte da interpretação astrológica, o Sol é visto como o próprio coração no mapa individual, pois é ali que pulsa e vibra a vida do indivíduo, seus interesses, propósitos e motivações fundamentais.

Assim, em 2020, tudo pode acontecer dentro de um contexto de mais coragem, força vital e superação, pois são as conquistas feitas por nós diariamente que definem ao longo da vida esse "eu solar". Todos nascemos imperfeitos e inacabados; portanto, esse projeto solar se estenderá até o fim de nossa vida.

O SOL NAS CASAS DO MAPA DE NASCIMENTO

Os princípios representados pelo Sol na Astrologia são: poder, criatividade, ambição, reconhecimento, lealdade, liderança, vitalidade, orgulho, alegria de viver, força de atração, bom humor e carisma. Na carta natal, podemos observar, quanto a seu posicionamento nas casas:

- **Casa I:** grande energia para a ação; poder de liderança, iniciativa; individualismo; força de atração e alegria; coragem, nobreza; desejo de reconhecimento; não se deixa levar pela opinião alheia.

- **Casa II:** talento e recursos para fazer dinheiro; necessidade de segurança e estabilidade; materialismo, competência para o trabalho; dedicação, obstinação; poder que advém do próprio sustento.

- **Casa III:** capacidade intelectual, mente ágil; curiosidade, jovialidade; interesse pelo estudo e pesquisa; necessidade de movimento e de compartilhar o conhecimento; inquietação mental, dispersão; habilidade para comunicação oral e escrita; ênfase na relação com vizinhos, irmãos e primos.

- **Casa IV:** necessidade de proteção familiar; amor pela casa; interesse pelas tradições; amor pelo passado; natureza sentimental e poética; introversão e recolhimento; realização e satisfação na fase mais madura da vida.

- **Casa V:** disposição alegre, amor pela vida; criatividade, dramaticidade; necessidade de ser especial e reconhecido; interesse por dramaturgia, artes, crianças e filhos; entretenimento, lazer, diversão; carisma e vitalidade.

- **Casa VI:** habilidade em servir e cooperar; natureza analítica e minuciosa; organização e metodologia; busca pela perfeição em tudo; dedicação ao trabalho; interesse por temas relacionados a saúde e trabalho; valor pessoal relacionado a eficiência e produtividade.

- **Casa VII:** natureza social e ponderada; interesses voltados para o favorecimento do outro; ponderação, equilíbrio, busca pela justiça; valorização do casamento e de parcerias em geral; cooperação, habilidade em ouvir; necessidade de compartilhar a vida; habilidades políticas e diplomáticas.

- **Casa VIII:** facilidade em perceber o lado invisível da vida; força de regeneração, intensidade; passionalidade, sexualidade; interesse pelos temas de morte e renascimento; atração por mistérios e ocultismo; profundidade; necessidade de investigar a vida inconsciente.

- **Casa IX:** necessidade de conhecimentos espirituais; fé na dimensão superior da vida; interesse por áreas como educação, religião, leis e filosofia; atração por diferentes culturas; viagens a longa distância; mente abstrata; realização na vida acadêmica; espírito de aventura; busca pela verdade.

- **Casa X:** ambição e projeção na vida profissional; posição de autoridade e reconhecimento; liderança, necessidade de realização; visão e empreendedorismo; impulso para obter poder no mundo; perseverança e disciplina; responsabilidade e prestígio pessoal.

- **Casa XI:** amplitude mental; posições independentes e liberais; amor pelo novo, pelo futuro e pela ciência; espírito progressista e visionário; consciência social; valorização dos amigos, atividades em grupo; natureza humanitária e fraterna.

- **Casa XII:** interesse por fenômenos ocultos, ou inconscientes; misticismo; vida contemplativa, necessidade de solidão; valores transcendentais e universais; compaixão pelo próximo menos afortunado; sensibilidade psíquica e mediunidade; talentos artísticos, gosto e aptidão pela poesia, música, dança.

O SOL E O TARÔ

Encontramos dois Arcanos Maiores no Tarô de Marselha cujas representações são bastante análogas aos princípios astrológicos do Sol e de Leão.

A carta O Sol apresenta o astro-rei brilhando e duas crianças. O Sol, em seu trajeto diário e anual, representa os ciclos da natureza e, de acordo com sua potência criadora, temos os princípios de organização e continuidade.

O Sol é a imagem do espírito masculino, a realização plena dos ideais, a luz, que é também a consciência, a fertilidade. No plano divinatório, essa carta indica um período de mais clareza e confiança renovada, uma vez que o Sol chega depois da noite e da escuridão. As crianças representam a vida que precisa da luz do sol para crescer e se desenvolver.

Na carta A Força, temos um leão e uma donzela que segura a boca da fera bem aberta. O leão é símbolo de poder e força voraz; possui o sangue quente de um animal devorador, representando assim os instintos e as paixões violentas. A carta simboliza a possibilidade de se dominar os instintos e a própria força. A figura feminina sugere a necessidade de domar os afetos descontrolados e o fogo das paixões.

Os Arcanos do Tarô em 2020

O ano de 2020 será regido por duas imagens fortes do Tarô – o arcano 19, O Sol, e o arcano 4, O Imperador, que nos sugerem um ciclo de potencialidades positivas para o mundo físico e cotidiano, mas, sobretudo, boa influência em grandes questões interiores enfrentadas por todos nós, cuja culminância será profunda e reveladora.

O Sol, símbolo de luz, energia e consciência da identidade e da individualidade, poderá nos trazer a necessidade da busca pela verdade interior, por nossos reais propósitos, iluminando-nos para a conquista de novos caminhos nessa grande viagem da vida.

Quando tomamos posse de quem somos, quando estruturamos a força do ego e afirmamos nossa individualidade com todos os seus potenciais – expandindo a parte luminosa e integrando a sombra dentro de nós em um árduo e constante trabalho de autoconhecimento –, passamos a entrar em outros níveis de consciência em prol de uma verdadeira comunhão com o todo.

Ao mesmo tempo que o astro-rei Sol nos pede que iluminemos partes escuras, resgatemos quem somos de verdade, asseguremos uma identidade única no mundo e elevemos nossa consciência, também nos traz a graça e a força do amanhecer, além da generosidade de seus raios, que aquecem e iluminam a todos sem distinção. Nesse sentido, devemos lembrar que a cada novo dia sempre haverá recomeços e novas oportunidades, e que a empatia e a compaixão nos igualam, nos incluem e nos agregam como irmãos pertencentes à mesma raça.

Muitas pessoas que vivenciaram crises pessoais, profissionais, afetivas, financeiras ou até de saúde, iniciadas em anos anteriores, encontrarão novas soluções para essas dificuldades ou se libertarão delas – e tanto mais proveitoso será se, junto a tais crises, essas pessoas tiverem feito um dedicado trabalho de compreensão e entendimento desses problemas como processos de evolução da alma. Haverá, então, a alegria da redenção anunciada pelo arcano do Sol.

Outro assunto de incentivo desse arcano luminoso são os afetos e os compromissos de maneira geral. A partir do momento que nos encontramos com nossa essência, estamos imediatamente prontos para ir ao encontro do outro. Esse outro pode ser um amigo, um namorado, um companheiro, um sócio ou qualquer outro tipo de parceiro, já que neste caso há um forte processo de integração. Aos que buscam uniões e relacionamentos, 2020 poderá surpreender com a chegada e a coroação desses encontros.

Em um contexto coletivo e social, O Sol pode ser a oportunidade de enxergar as coisas com clareza, encontrar respostas e soluções para antigos problemas, enquanto, em âmbito mais global, líderes e governantes continuarão em evidência por questões críticas que vão envolver a imagem deles pelo mundo afora.

É importante lembrar que em 2020 nada ficará oculto, encoberto ou escondido. Será um ano de grandes verdades vindo à tona, em que o coletivo se une a uma consciência em expansão, pautada no mundo real. A nobreza de caráter, a integridade e a honestidade serão as regras básicas para o bom andamento deste ano.

O egoísmo inútil, o egocentrismo sem sentido e as crises narcísicas serão alguns dos grandes desafios deste novo ciclo, e, se não houver reflexão sobre nosso real propósito de vida, nos sentiremos ainda mais vazios. De toda forma, as velhas interrogações "Quem sou eu?"; "Onde estou?"; "Para onde vou?" estarão na mente e no coração de todos, clamando por respostas claras e luminosas. Tais questões surgirão para nos impulsionar a crescer e dar saltos quânticos, tanto no mundo interior quanto no aspecto maior da vida.

Outro destaque importante da regência do Tarô para 2020 é o arcano O Imperador, que sinaliza pontos importantes e complementares a tudo que já refletimos até aqui.

Sendo O Imperador o símbolo do poder, da supremacia e da construção, é ele também que nos convida a buscar apoio na mente focada, prática e objetiva. É o arquétipo da ordem, da lei, da organização e do poder inabalável da alma.

Quando essas forças são dirigidas de maneira adequada, vislumbramos a imagem desse Imperador como aquelas energias que se solidificam dentro de nós e que nos tornam mais fortes, resistentes, potentes e conscientes de nossos limites, ou seja, a força e o poder infinitos dentro de nós que podem nos levar aonde desejarmos, porém... qual é o nosso tamanho? Quais são as nossas limitações? O que precisamos fazer, trabalhar, construir, edificar, ou a que devemos nos dedicar, para crescer e realizar mais?

Com esse arcano, aprendemos a força e a realeza do labor que não descansa enquanto não vê seus objetivos e metas atingidos. Assim, teremos de usar esse poder inesgotável do espírito para construir com beleza, determinação e racionalidade o que queremos criar no mundo interno e material, já que tudo sempre acontece de dentro para fora.

Este ano será de energia Yang (masculino projetivo), isto é, trata-se de um período para termos muita atenção às nossas atitudes e resgatarmos o poder interior, colocando de maneira lógica, concreta, estratégica, prática e racional todos os planos, ideias e projetos em ação, sabendo que o sucesso dependerá do empenho e da determinação em realizá-los.

As figuras de poder e autoridade ganham destaque em nossa vida pessoal e social em 2020. No individual, poderemos nos deparar com situações em que essas figuras de poder (pai, irmão mais velho, avô, esposo, companheiro, chefe etc.) estarão em evidência, solicitando-nos ajuda ou nos trazendo grandes aprendizados.

Em nível social, mais uma vez temos sob esse arcano os líderes políticos, os chefes de Estado, os poderosos que administram diversas esferas e estabelecem leis e regras, trazendo desafios para a coletividade e rearranjando velhas estruturas, a fim de se criar novas condições de prosperidade e crescimento. Entretanto, quando a luz implacável do Sol tocar essas imagens de poder, o que nos será revelado?

Além desses atributos de poder e racionalidade, O Imperador nos dá a chance de abrirmos a mente e nos fazer perguntas como: O que significa verdadeiramente a prosperidade? O que pode nos dar segurança na vida? E, ao refletirmos sobre essas coisas, temos a oportunidade de criar condições para sair do raso e mergulhar profundamente no real significado dessas questões, diferenciando ganância de ambição, segurança de apego, e assim por diante. Para abraçar o novo, devemos deixar de lado velhas crenças e padrões limitantes.

A sombra do Imperador que também deverá ser sentida em nível energético é a tirania, o abuso de poder, o autoritarismo, o controle excessivo e a falta de respeito com a vontade do outro. A imposição, a violência não física e a aspereza poderão ser pontos de conflito para pessoas que já tenham predisposição a esses comportamentos. Poderemos ainda encontrar desafios relacionados à inflexibilidade, à falta de diálogo e à dificuldade de expressão dos sentimentos nas relações pessoais e íntimas.

Tudo virá à tona – o bom e o ruim, o luminoso e o sombrio. E é dessa verdade que 2020 vai tratar – o que prevalece dentro de cada um estará em evidência, afirmando e reafirmando nossa identidade no mundo. Desse modo, a esperança que emana desses dois arcanos – O Sol e O Imperador – poderá ser a chave para a reestruturação do nosso eu e também do mundo em que habitamos. Iluminar a realidade interior, mesmo que seja algo trabalhoso e desafiador, vai nos garantir um pouco mais de equilíbrio, paz interior e felicidade.

Porém, de modo geral, devemos receber 2020 com o coração aberto, acreditando que ele será uma nova oportunidade de aprendizado, evolução e crescimento para todos, já que estaremos alicerçados em dois pilares fundamentais: consciência e poder.

André Mantovanni
Instagram: @andremantovanni
YouTube: andremantovannitv
Site: andremantovanni.com.br

Entrada do Sol nos signos do zodíaco 2020

Signo	Data	Horário de ingresso
♒ Aquário	20 de janeiro	11h56
♓ Peixes	19 de fevereiro	1h58
♈ Áries	20 de março	0h51
♉ Touro	19 de abril	11h47
♊ Gêmeos	20 de maio	10h50
♋ Câncer	20 de junho	18h45
♌ Leão	22 de julho	5h38
♍ Virgem	22 de agosto	12h46
♎ Libra	22 de setembro	10h32
♏ Escorpião	22 de outubro	20h01
♐ Sagitário	21 de novembro	17h41
♑ Capricórnio	21 de dezembro	7h03

Tábua do Nascimento e Ocaso do Sol (hora legal de Brasília)

Data	Brasília		Rio de Janeiro		São Paulo	
	Nasc. (hora)	Ocaso (hora)	Nasc. (hora)	Ocaso (hora)	Nasc. (hora)	Ocaso (hora)
1º de janeiro	05h44	18h47	05h11	18h42	05h24	18h57
11 de janeiro	05h50	18h50	05h18	18h44	05h30	18h59
21 de janeiro	05h56	18h51	05h25	18h44	05h38	18h58
1º de fevereiro	06h02	18h49	05h33	18h40	05h46	18h55
11 de fevereiro	06h07	18h46	05h39	18h35	05h52	18h50
21 de fevereiro	06h10	18h41	05h45	18h29	05h58	18h43
1º de março	06h13	18h36	05h49	18h21	06h03	18h35
11 de março	06h15	18h29	05h54	18h12	06h07	18h26
21 de março	06h16	18h22	05h58	18h03	06h11	18h16
1º de abril	06h18	18h14	06h02	17h52	06h16	18h06
11 de abril	06h19	18h07	06h05	17h43	06h19	17h56
21 de abril	06h21	18h00	06h09	17h35	06h23	17h48
1º de maio	06h23	17h55	06h13	17h27	06h28	17h40
11 de maio	06h26	17h51	06h17	17h22	06h32	17h34
21 de maio	06h29	17h48	06h22	17h18	06h37	17h30
1º de junho	06h33	17h47	06h27	17h16	06h42	17h28
11 de junho	06h36	17h48	06h31	17h15	06h46	17h28
21 de junho	06h38	17h50	06h33	17h17	06h48	17h29
1º de julho	06h40	17h52	06h35	17h20	06h50	17h32
11 de julho	06h40	17h55	06h34	17h24	06h49	17h36
21 de julho	06h39	17h58	06h32	17h28	06h47	17h40
1º de agosto	06h36	18h01	06h27	17h32	06h42	17h45
11 de agosto	06h31	18h04	06h21	17h36	06h35	17h49
21 de agosto	06h25	18h05	06h13	17h40	06h27	17h53
1º de setembro	06h18	18h06	06h03	17h43	06h17	17h57
11 de setembro	06h10	18h07	05h53	17h46	06h07	18h00
21 de setembro	06h02	18h08	05h43	17h49	05h57	18h03
1º de outubro	05h54	18h09	05h33	17h52	05h47	18h06
11 de outubro	05h47	18h11	05h24	17h56	05h37	18h10
21 de outubro	05h41	18h13	05h15	18h00	05h29	18h15
1º de novembro	05h35	18h16	05h08	18h06	05h21	18h21
11 de novembro	05h32	18h21	05h03	18h12	05h15	18h27
21 de novembro	05h31	18h26	05h00	18h19	05h12	18h34
1º de dezembro	05h32	18h31	04h59	18h26	05h12	18h41
11 de dezembro	05h34	18h37	05h01	18h32	05h14	18h47
21 de dezembro	05h38	18h43	05h05	18h38	05h18	18h53

Como a variação do horário é mínima, apresentamos apenas o nascimento e ocaso do Sol dos dias 1º, 11 e 21 de cada mês.

Dados cedidos pelo Departamento de Astronomia do Instituto Astronômico e Geofísico da Universidade de São Paulo (IAG-USP). Agradecemos ao Dr. João Luiz Kohl Moreira.

Tábua solar 2020

O Sol caminha em média 1 grau por dia ao se deslocar ao longo do zodíaco. Nesta tabela você vai encontrar a sua posição a cada 5 dias, calculada para a meia-noite e a partir do meridiano de Greenwich.

Janeiro			Fevereiro			Março		
Dia	**Posição**	**Signo**	**Dia**	**Posição**	**Signo**	**Dia**	**Posição**	**Signo**
1º	10º0'	Capricórnio	1º	11°34'	Aquário	1º	10º51'	Peixes
5	14°5'	Capricórnio	5	15°37'	Aquário	5	14º52'	Peixes
10	19°10'	Capricórnio	10	20°41'	Aquário	10	19º52'	Peixes
15	24°16'	Capricórnio	15	25°45'	Aquário	15	24º51'	Peixes
20	29°22	Capricórnio	20	0°48'	Peixes	20	29º50'	Peixes
25	4°27'	Aquário	25	5°50'	Peixes	25	4º48'	Áries
30	9°32'	Aquário	29	9°51'	Peixes	31	10º44'	Áries
Abril			**Maio**			**Junho**		
Dia	**Posição**	**Signo**	**Dia**	**Posição**	**Signo**	**Dia**	**Posição**	**Signo**
1º	11º43'	Áries	1º	11°5'	Touro	1º	10º58'	Gêmeos
5	15°40'	Áries	5	14°57'	Touro	5	14º48'	Gêmeos
10	20º35'	Áries	10	19º48'	Touro	10	19º34'	Gêmeos
15	25°29'	Áries	15	24º37'	Touro	15	24º21'	Gêmeos
20	0º22'	Touro	20	29º26'	Touro	20	29°8'	Gêmeos
25	5°15'	Touro	25	4°15'	Gêmeos	25	3º54'	Câncer
30	10°6'	Touro	31	10°0'	Gêmeos	30	8º40'	Câncer
Julho			**Agosto**			**Setembro**		
Dia	**Posição**	**Signo**	**Dia**	**Posição**	**Signo**	**Dia**	**Posição**	**Signo**
1º	9º37'	Câncer	1º	9°12'	Leão	1º	9°1'	Virgem
5	13º26'	Câncer	5	13°2'	Leão	5	12º53'	Virgem
10	18°12'	Câncer	10	17º49'	Leão	10	17º44'	Virgem
15	22º58'	Câncer	15	22º37'	Leão	15	22º36'	Virgem
20	27º44'	Câncer	20	27º26'	Leão	20	27º29'	Virgem
25	2º31'	Leão	25	2°15'	Virgem	25	2º23'	Libra
31	8°15'	Leão	31	8°3'	Virgem	30	7º17'	Libra
Outubro			**Novembro**			**Dezembro**		
Dia	**Posição**	**Signo**	**Dia**	**Posição**	**Signo**	**Dia**	**Posição**	**Signo**
1º	8º16'	Libra	1º	9°1'	Escorpião	1º	9°14'	Sagitário
5	12°12'	Libra	5	13°1'	Escorpião	5	13º18'	Sagitário
10	17°8'	Libra	10	18°2'	Escorpião	10	18º22'	Sagitário
15	22°5'	Libra	15	23°4'	Escorpião	15	23º27'	Sagitário
20	27°3'	Libra	20	28°7'	Escorpião	20	28º33'	Sagitário
25	2°2'	Escorpião	25	3°10'	Sagitário	25	3º38'	Capricórnio
31	8°1'	Escorpião	30	8°13	Sagitário	31	9º45'	Capricórnio

Horário da Semana
De acordo com a Regência Planetária

Convém lembrar que a hora astrológica de alguns planetas coincide: os assuntos regidos por Urano devem ser tratados na hora de Mercúrio, e o mesmo acontece com Netuno e Plutão, cujos assuntos devem ser tratados nas horas de Vênus e Marte, respectivamente.

Use esta tabela para concluir o cálculo das Horas Planetárias e saber quais são as horas mais propícias para tratar dos seus empreendimentos.

Horas	Domingo	Segunda	Terça	Quarta	Quinta	Sexta	Sábado
1ª do dia	Sol	Lua	Marte	Mercúrio	Júpiter	Vênus	Saturno
2ª do dia	Vênus	Saturno	Sol	Lua	Marte	Mercúrio	Júpiter
3ª do dia	Mercúrio	Júpiter	Vênus	Saturno	Sol	Lua	Marte
4ª do dia	Lua	Marte	Mercúrio	Júpiter	Vênus	Saturno	Sol
5ª do dia	Saturno	Sol	Lua	Marte	Mercúrio	Júpiter	Vênus
6ª do dia	Júpiter	Vênus	Saturno	Sol	Lua	Marte	Mercúrio
7ª do dia	Marte	Mercúrio	Júpiter	Vênus	Saturno	Sol	Lua
8ª do dia	Sol	Lua	Marte	Mercúrio	Júpiter	Vênus	Saturno
9ª do dia	Vênus	Saturno	Sol	Lua	Marte	Mercúrio	Júpiter
10ª do dia	Mercúrio	Júpiter	Vênus	Saturno	Sol	Lua	Marte
11ª do dia	Lua	Marte	Mercúrio	Júpiter	Vênus	Saturno	Sol
12ª do dia	Saturno	Sol	Lua	Marte	Mercúrio	Júpiter	Vênus
1ª da noite	Júpiter	Vênus	Saturno	Sol	Lua	Marte	Mercúrio
2ª da noite	Marte	Mercúrio	Júpiter	Vênus	Saturno	Sol	Lua
3ª da noite	Sol	Lua	Marte	Mercúrio	Júpiter	Vênus	Saturno
4ª da noite	Vênus	Saturno	Sol	Lua	Marte	Mercúrio	Júpiter
5ª da noite	Mercúrio	Júpiter	Vênus	Saturno	Sol	Lua	Marte
6ª da noite	Lua	Marte	Mercúrio	Júpiter	Vênus	Saturno	Sol
7ª da noite	Saturno	Sol	Lua	Marte	Mercúrio	Júpiter	Vênus
8ª da noite	Júpiter	Vênus	Saturno	Sol	Lua	Marte	Mercúrio
9ª da noite	Marte	Mercúrio	Júpiter	Vênus	Saturno	Sol	Lua
10ª da noite	Sol	Lua	Marte	Mercúrio	Júpiter	Vênus	Saturno
11ª da noite	Vênus	Saturno	Sol	Lua	Marte	Mercúrio	Júpiter
12ª da noite	Mercúrio	Júpiter	Vênus	Saturno	Sol	Lua	Marte

Horas Planetárias

O método mais prático para você aproveitar a influência das horas planetárias na sua vida diária é sincronizar as suas atividades mais importantes com os dias e horas mais favoráveis. Você obterá a informação quanto aos dias mais e menos propícios ao início dos seus empreendimentos no *Guia Astral*. E as influências e as características da hora associada a cada planeta são dadas a seguir, a fim de que você possa usá-las em combinação com o dia mais favorável, de modo a conseguir um grande sucesso. Consulte também a seção "Cálculo das Horas Planetárias", p. 112.

Influência mais acentuada à noite. Sua hora é boa para fazer viagens e mudanças não definitivas, e para estipular comissões e todas as coisas de natureza provisória ou variável. É também uma boa hora para fazer as pessoas mudarem de opinião ou alterarem seus planos. Facilita negociações rápidas e o comércio varejista.

Os negócios tratados nessa hora precisam ser concluídos logo; caso contrário, correm o risco de sofrer mudanças ou ser cancelados.

Devemos ter cautela com os arranjos feitos nessa hora porque todas as coisas correm o risco de ficar incertas e serão passageiras.

A influência de sua hora é sempre duvidosa e variável, pois gera oscilações e tem um caráter secundário.

É uma hora favorável para a redação de cartas, estudos de toda natureza, teorias, escrituras, documentos e textos literários. Boa para a troca de correspondência, compra de livros e trabalho com impressoras. A compreensão e a percepção são rápidas devido à fertilidade de ideias. Favorece os profissionais de vendas, os professores e todos os que se ocupam de atividades intelectuais. Também favorece os joalheiros que fabricam objetos de precisão.

Na hora de Mercúrio, geralmente encontramos pessoas volúveis e inconstantes, que dificilmente sustentam a palavra dada ou levam adiante seus projetos.

A hora de Mercúrio é sempre seguida pela da Lua e pela de Saturno, de modo que é melhor chegar logo a uma conclusão ou adiar os negócios para uma ocasião mais propícia.

A hora de Vênus é favorável à recreação, à diversão, ao canto, à música, à dança e a todas as áreas relativas ao vestuário, ornamentos e luxo.

É boa para a compra de objetos artísticos, de roupas, de perfumes e de outros itens do gênero. Favorece o amor e a galanteria, bem como o estudo das belas-artes. Favorece a restauração de objetos artísticos.

Essa hora governa o lado doméstico e feminino da vida e tudo o que é relativo aos sentimentos; facilita a dissolução do ódio e dos rancores; amplia os assuntos ligados à construção de formas (arquitetura, manipulação de projetos).

É a hora em que existe o perigo do excesso e da extravagância.

Favorece a maledicência de que são alvo aqueles que só vivem para o presente.

A hora do Sol favorece as relações com pessoas que ocupam posição de destaque – autoridades, juízes, altos funcionários do governo, homens de Estado.

Esta hora é própria para solicitar favores e proteção dos maiorais; favorável a projetos que ativam a consciência das atividades no planeta Terra.

As melhores horas solares são as que vêm antes do meio-dia. Elas reeducam ou retiram o sentimento de usura, de avareza e usurpação.

A hora de Marte é propícia a todos os empreendimentos ousados. Há forças suplementares nas situações difíceis e tensas. É geralmente nessa hora que aumenta a incidência de acidentes, disputas e desentendimentos.

Ela favorece os impulsos, o domínio da força e tende a produzir contestações e argumentações, enfrentando-se concorrentes profissionais sem agressões, além de fazer aflorar a decisão firme com bases sólidas.

Nesta hora é preciso fazer tudo para não provocar a cólera alheia. Não se deve começar novas amizades durante esta hora, nem transitar por lugares reconhecidamente perigosos. É boa hora para nos ocuparmos de coisas práticas, referentes à mecânica, às minas, aos metais e aos materiais de natureza explosiva e inflamável, como o carvão, o petróleo etc. É prudente não assumir compromissos nesta hora, nem tomar atitudes com respeito a situações sérias e graves. É a hora em que convém nos precavermos contra roubos e assaltos, pois é considerada uma das mais perigosas do dia.

De todas as horas planetárias, a mais favorável é a de Júpiter, durante a qual pode se iniciar novos empreendimentos de qualquer tipo.

Favorece toda espécie de assuntos financeiros e é boa para as questões legais e religiosas.

É a hora mais fecunda de todas; as coisas que forem executadas pela "primeira vez" nesta hora devem ser repetidas até que o sucesso recompense a iniciativa.

Todas as coisas de valor, seja de caráter objetivo ou subjetivo, podem ser tratadas na hora de Júpiter. Ela faz aflorar a sabedoria, proporcionando confiança sem fanatismo.

A influência deste planeta é lenta e pesada. As coisas começadas nesta hora caminham devagar, porém a passos firmes.

Saturno confere determinação, simplicidade, prudência e maturidade. Governa a terra de onde o homem tira seu sustento e a casa que lhe serve de abrigo; por isso Saturno rege os negócios imobiliários e a agricultura. Influencia os estudos avançados e de compreensão lenta. Tendência a ponderar como sair da vida diária criando, modelando, construindo novas vivências. Trata-se da experiência sábia dos idosos. É o planeta da destruição e da reconstrução.

Este planeta governa todas as atividades do mundo moderno e a tecnologia avançada; a eletricidade, a eletrônica, a aeronáutica, a indústria automobilística etc. Sua influência é imprevisível, e os negócios iniciados em sua hora podem ter os mesmos resultados duvidosos ou variáveis induzidos por Mercúrio, pois a hora de Urano é a mesma de Mercúrio. Tendência à renovação e à originalidade.

Este planeta governa a inspiração artística e todas as faculdades extrassensoriais: intuição, clarividência etc. Sua hora favorece os assuntos artísticos, o amor desinteressado e os atos de benevolência. A hora de Netuno é a mesma de Vênus. É a inspiração da vida, que modifica o modo de agir e de pensar em todas as atividades do cotidiano.

Plutão ainda é um enigma para a maioria dos astrólogos. Ele representa uma força estranha, um tanto destrutiva e em parte desconhecida. Está relacionado com o poder atômico, favorecendo mudanças drásticas, descobertas de cunho técnico e exigindo que se saiba lidar com essa energia planetária para que não cause danos. Plutão atua destruindo para que se possa reconstruir. Favorece as ações que requerem entusiasmo e uma nova visão dos fatos. A hora de Plutão é a mesma de Marte. Plutão nos impulsiona a transformações profundas.

Cálculo das Horas Planetárias

Depois de conhecer as características da hora de cada planeta, na seção "Horas Planetárias", aprenda a calcular essa hora, para poder usar essas características de forma benéfica e proveitosa.

As 12 horas planetárias diurnas e as 12 noturnas às vezes têm mais de 60 minutos, às vezes têm menos, dependendo do horário do nascimento ou do ocaso do Sol. Por isso, é preciso calcular em primeiro lugar o momento exato em que começa e termina a primeira hora do dia que lhe interessa. Para tanto, use a "Tábua do Nascimento e Ocaso do Sol" e verifique o horário em que esse astro nasce e se põe. Por exemplo, consultando essa tabela, você saberá que em Brasília, no dia 1º de janeiro, o Sol nasceu às 5h44min e se pôs às 18h47min. Se subtrairmos 5h44min de 18h47min, saberemos que o dia durou 13 horas e 3 minutos. Transforme as 13 horas em minutos (780 min), acrescente os 3 minutos restantes (783 min) e divida o resultado por 12. Você saberá, então, que cada hora desse dia terá 65 minutos e 3 segundos, ou 1 hora e 3 minutos – podendo-se deixar de lado os segundos.

Portanto, a primeira hora do dia 1º de janeiro de 2020 começará, em Brasília, às 5h44min e terminará às 6h47min; a segunda hora começará às 6h48min e assim por diante. (O período noturno deve ser calculado da mesma forma.)

Consulte, a seguir, a tabela "Horário da Semana de acordo com a Regência Planetária". Com ela você saberá que, em 1º de janeiro de 2020, uma quarta-feira, Mercúrio rege a 1ª hora diurna, a Lua rege a 2ª hora etc. Portanto, o melhor momento do dia para tratar dos assuntos regidos por Mercúrio, será ao longo da 1ª hora, que vai das 5h44min às 6h47min. Quanto aos assuntos relacionados com a Lua, o melhor é esperar até a 2ª hora do dia.

Com base nessas informações, você poderá organizar as atividades desse dia, levando em conta o horário em que elas serão mais favorecidas!

Tábua planetária para 2020

Segue abaixo a posição dos planetas em cada signo do zodíaco à zero hora de Greenwich do dia 1º de cada mês. A posição está indicada por graus (º) e minutos ('), bem como qualquer mudança que houver para outro signo no decorrer do mês. Note ainda que está indicado também o início do movimento retrógrado, assinalado pela letra (R), ou a retomada do movimento direto, indicada pela letra (D).

JANEIRO

Mercúrio: 4°22' de Capricórnio; no dia 17, a 0°23' de Aquário
Vênus: 14°24' de Aquário; no dia 14, a 0°16' de Peixes
Marte: 28°23' de Escorpião; no dia 4, a 0°24' de Sagitário
Júpiter: 6°40' de Capricórnio
Saturno: 21°23' de Capricórnio
Urano: 2°41' de Touro (R); no dia 11, a 2°39' de Touro (D)
Netuno: 16°15' de Peixes
Plutão: 22°23' de Capricórnio

FEVEREIRO

Mercúrio: 25°58' de Aquário; no dia 4, a 0°48' de Peixes; no dia 17, a 12°53' de Peixes (R)
Vênus: 21°54' de Peixes; no dia 8, a 0°11' de Áries
Marte: 19°23' de Sagitário; no dia 17, a 0°21' de Capricórnio
Júpiter: 13°40' de Capricórnio
Saturno: 25°2' de Capricórnio
Urano: 2°50' de Touro
Netuno: 17°4' de Peixes
Plutão: 23°24' de Capricórnio

MARÇO

Mercúrio: 2°48' de Peixes; no dia 2, a 1°52' de Peixes (R); no dia 5, a 29°40' de Aquário; no dia 10, a 28°12' de Aquário (D); no dia 17, a 0°23' de Peixes

Vênus: 25°26' de Áries; no dia 6, a 0°57' de Touro

Marte: 9°19' de Capricórnio; no dia 31, a 0°7' de Aquário

Júpiter: 19°32' de Capricórnio

Saturno: 28°9' de Capricórnio; no dia 23, a 0°3' de Aquário

Urano: 3°41' de Touro

Netuno: 18°6' de Peixes

Plutão: 24°15' de Capricórnio

ABRIL

Mercúrio: 15°17' de Peixes; no dia 12, a 1°16' de Áries; no dia 28, a 0°20' de Touro

Vênus: 27°30' de Touro; no dia 4, a 0°15' de Gêmeos

Marte: 0°49' de Aquário

Júpiter: 24°23' de Capricórnio

Saturno: 0°40' de Aquário

Urano: 5°9' de Touro

Netuno: 19°16' de Peixes

Plutão: 24°50' de Capricórnio; no dia 25, a 24°59' de Capricórnio (R)

MAIO

Mercúrio: 6°32' de Touro; no dia 12, a 0°10' de Gêmeos; no dia 29, a 0°19' de Câncer

Vênus: 19°7' de Gêmeos; no dia 13, a 21°50' de Gêmeos (R)

Marte: 21°38' de Aquário; no dia 14, a 0°33' de Peixes

Júpiter: 26°57' de Capricórnio; no dia 14, a 27°14' de Capricórnio (R)

Saturno: 1°52' de Aquário; no dia 11, a 1°57' de Aquário (R)

Urano: 6°51' de Touro

Netuno: 20°13' de Peixes

Plutão: 24°59' de Capricórnio (R)

JUNHO

Mercúrio: 4°7' de Câncer; no dia 18, a 14°45' de Câncer (R)
Vênus: 15°18' de Gêmeos (R); no dia 25, a 5°20' de Gêmeos (D)
Marte: 12°41' de Peixes; no dia 29, a 0°33' de Áries
Júpiter: 26°45' de Capricórnio (R)
Saturno: 1°36' de Aquário (R)
Urano: 8°33' de Touro
Netuno: 20°49' de Peixes; no dia 23, a 20°57' de Peixes (R)
Plutão: 24°41' de Capricórnio (R)

JULHO

Mercúrio: 9°49' de Câncer (R); no dia 12, a 5°29' de Câncer (D)
Vênus: 5°56' de Gêmeos
Marte: 1°45' de Áries
Júpiter: 24°1' de Capricórnio (R)
Saturno: 0°4' de Aquário; no dia 3, a 29°55', de Capricórnio (R)
Urano: 9°51' de Touro
Netuno: 20°56' de Peixes (R)
Plutão: 24°5' de Capricórnio(R)

AGOSTO

Mercúrio: 22°34' de Câncer; no dia 6, a 1°37' de Leão; no dia 21, a 1°50' de Virgem
Vênus: 24°9' de Gêmeos; no dia 8, a 0°19 de Câncer
Marte: 18°12' de Áries
Júpiter: 20°8' de Capricórnio (R)
Saturno: 27°49' de Capricórnio (R)
Urano: 10°36' de Touro; no dia 15, a 10°41' de Touro (R)
Netuno: 20°34' de Peixes (R)
Plutão: 23°21' de Capricórnio (R)

SETEMBRO

Mercúrio: 21°58' de Virgem; no dia 6, a 0°17' de Libra; no dia 28, a 0°45' de Escorpião
Vênus: 24°17' de Câncer; no dia 7, a 0°45 de Leão
Marte: 27°34' de Áries; no dia 9, a 28°8' de Áries (R)
Júpiter: 17°38' de Capricórnio (R); no dia 13, a 17°24' de Capricórnio (D)
Saturno: 25°58' de Capricórnio(R); no dia 29, a 25°20' de Capricórnio (D)
Urano: 10°34' de Touro (R)
Netuno: 19°50' de Peixes (R)
Plutão: 22°44' de Capricórnio (R)

OUTUBRO

Mercúrio: 3°56' de Escorpião; no dia 14, a 11°40' de Escorpião (R); no dia 29, a 28°59' de Libra
Vênus: 27°49' de Leão; no dia 3, a 0°9' de Virgem; no dia 29, a 1°7' de Libra
Marte: 25°2' de Áries (R)
Júpiter: 17°55' de Capricórnio
Saturno: 25°20' de Capricórnio
Urano: 9°51' de Touro (R)
Netuno: 19°1' de Peixes (R)
Plutão: 22°29' de Capricórnio (R), no dia 4, a 22°29' de Capricórnio (D)

NOVEMBRO

Mercúrio: 26°37' de Libra (R); no dia 3, a 25°57' de Libra (D); no dia 11, a 0°5' de Escorpião
Vênus: 4°46' de Libra; no dia 22, a 0°32' de Escorpião
Marte: 16°22' de Áries (R); no dia 14, a 15°14' de Áries (D)
Júpiter: 21°2' de Capricórnio
Saturno: 26°13' de Capricórnio
Urano: 8°40' de Touro (R)
Netuno: 18°22' de Peixes (R); no dia 29, a 18°9' de Peixes (D)
Plutão: 22°40' de Capricórnio

DEZEMBRO

Mercúrio: 28°42' de Escorpião; no dia 2, a 0°16' de Sagitário; no dia 21, a 0°3' de Capricórnio
Vênus: 11°42' de Escorpião; no dia 16, a 0°23' de Sagitário
Marte: 17°3' de Áries
Júpiter: 26°8' de Capricórnio; no dia 20, a 0°5' de Aquário
Saturno: 28°24' de Capricórnio; no dia 18, a 0°5' de Aquário
Urano: 7°31' de Touro (R)
Netuno: 18°9' de Peixes
Plutão: 23°16' de Capricórnio

As lunações e os trânsitos planetários em 2020

O movimento dos cinco planetas lentos (Júpiter, Saturno, Urano, Netuno e Plutão) através do Zodíaco indica os ciclos planetários e as tendências das manifestações individuais e coletivas da humanidade. A interpretação astrológica dos trânsitos e dos aspectos dos planetas lentos bem como a interpretação das lunações mensais revelam as tendências de processos internos e externos e da mentalidade das pessoas durante o ano de 2020.

O movimento dos planetas lentos durante o ano de 2020

- **JÚPITER** inicia o ano em movimento direto a 6°40' do signo de Capricórnio. Entra em movimento retrógrado no dia 14 de maio, a 27°14' desse mesmo signo. No dia 13 de setembro, retoma o movimento direto a 17°24' de Capricórnio. No dia 20 de dezembro, entra no signo de Aquário, terminando o ano a 2°33' desse mesmo signo.

  Júpiter fará sextil com Netuno em meados de fevereiro até o final desse mês. Esse ciclo se repete em meados de julho e vai até meados de agosto. O trânsito voltará ainda em outubro, durando o mês inteiro.

  Júpiter fará conjunção com Plutão do final de março até meados de abril. Retornará em meados de junho, até meados de julho. Esse trânsito voltará em novembro, durando o mês inteiro.

  Júpiter fará conjunção com Saturno em meados de dezembro, nos últimos graus do signo de Capricórnio, e uma conjunção exata nos primeiros graus de Aquário, até a primeira semana de janeiro de 2021.

- **SATURNO** inicia o ano em movimento direto a 21°23' de Capricórnio. No dia 23 de março entrará no signo de Aquário a 0°3' e ficará retrógrado no dia 11 de maio a 1°57' desse mesmo signo. No dia 3 de julho, entrará no signo de Capricórnio a 29°55', ainda em movimento retrógrado. No dia 29 de setembro, iniciará o movimento direto a 25°20' desse mesmo signo. No dia 18 de dezembro entrará no signo de Aquário a 0°5', terminando o ano a 1°30' desse mesmo signo.

Saturno fará conjunção com Plutão em Capricórnio durante todo o mês de janeiro de 2020. No final de dezembro e no início de janeiro de 2021, fará conjunção com Júpiter em Aquário.

- **URANO** inicia o ano em movimento retrógrado a 2°41' do signo de Touro. No dia 11 de janeiro, retoma o movimento direto a 2°39' do mesmo signo. No dia 15 de agosto, entra em movimento retrógrado a 10°41' desse signo. No dia 31 de dezembro, Urano terminará o ano a 6°48' do signo de Touro, ainda em movimento retrógrado.

- **NETUNO** inicia o ano em movimento direto a 16°15' de Peixes. No dia 23 de junho, entra em movimento retrógrado a 20°57' desse signo. No dia 29 de novembro, retoma o movimento direto a 18°9' desse signo, terminando o ano a 18°27' do mesmo signo. Netuno fará sextil com Júpiter em fevereiro, julho, agosto e outubro de 2020.

- **PLUTÃO** inicia o ano em movimento direto a 22°23' do signo de Capricórnio. No dia 25 de abril entra em movimento retrógrado a 24°59' desse mesmo signo. Retomará seu movimento direto no dia 4 de outubro, a 22°29' desse signo, e nele continuará até o dia 31 de dezembro, estando a 24°9'.

Plutão fará conjunção com Saturno no mês de janeiro. Depois fará conjunção com Júpiter em março, abril, junho, julho e durante todo o mês de novembro de 2020.

Interpretação do trânsito dos planetas lentos em 2020

Saturno e Plutão em conjunção no início do ano podem mostrar que o crescimento econômico ainda acontece de forma lenta, exigindo esforços coletivos e mais responsabilidade e sustentabilidade na gestão dos recursos energéticos da natureza em geral. Nesse sentido, aquilo que está envelhecido ou já superado precisará ser revisto e reformulado de maneira mais séria e profunda, uma vez que os recursos naturais não são infinitos. Plutão representa uma energia evolucionária, enquanto Saturno representa uma energia de restrição; assim, esse ciclo indica um momento de transformação e regeneração de estruturas básicas por meio de muito trabalho e esforço, e que precisam ser pensadas sempre em longo prazo.

O aspecto entre Júpiter e Netuno pode indicar maior interesse pela área de Humanas, como a psicologia, e tudo o que se refere ao bem-estar e à saúde psíquica dos indivíduos em geral. A medicina complementar tende a ocupar mais espaço nas instituições de saúde, com destaque para a acupuntura, assim como o yoga e técnicas de relaxamento e meditação, tão relevantes para a redução do estresse. Esses dois planetas estão associados à filantropia, filosofia, espiritualidade e busca por uma vida com valores éticos, o que pode trazer diálogos e ações mais pragmáticas que resultem em mais igualdade e justiça para a sociedade em geral.

Júpiter em conjunção com Plutão deve atuar intensamente, em termos coletivos, com a tomada de consciência no que diz respeito à responsabilidade que todos devem ter em relação à cidadania e tudo o que for de interesse ou de direito a todas as pessoas. Como a conjunção se dá no signo de Terra de Capricórnio, valores mais conservadores e a meritocracia tendem a prevalecer nas instituições em geral, e deve haver também uma forte determinação e concentração de esforços para que as metas sejam alcançadas. Pode ocorrer um forte impulso para investimentos na economia cujos resultados cheguem em longo prazo, mas de forma estruturada e durável.

A conjunção entre Júpiter e Saturno também acontece nos últimos graus do signo de Capricórnio, tendendo, assim, a solidificar e enraizar as premissas de busca por autonomia, produtividade e estabilidade na economia, e também de maior responsabilidade por parte de nossos governantes. Esse aspecto reafirma ainda a busca por disciplina e o sacrifício para a superação de dificuldades que possam surgir. Esses dois planetas têm significados opostos, e o desafio desse ciclo tem a ver com saber planejar e trabalhar com otimismo em relação ao futuro (Júpiter), porém levando em conta as lições aprendidas no passado (Saturno). Ambos apontam para a renovação da esperança aliada à sabedoria resultante de experiências anteriores, para que novas realizações ou estruturas possam surgir.

A conjunção exata desses dois planetas em Aquário acontecerá no dia 20 de dezembro. Júpiter expande as características do signo em que ele está; por sua vez, Saturno tem função oposta, que é conter, restringir e estruturar o mundo das formas visíveis. Aquário é um signo do elemento Ar, e vale lembrar que essa conjunção acontece a cada vinte anos. Tal signo representa o mundo das ideias, o movimento, o conhecimento compartilhado, as trocas intelectuais, a vida social e a comunicação. Aquário é regido por Urano, que representa o futuro, o progresso, as descobertas da ciência, a tecnologia em geral e os avanços civilizatórios. Desse modo, por um lado, Júpiter simboliza a expansão e a democratização do conhecimento, hoje mais do que nunca, de modo real e evidente, com o advento da internet e o poder das redes sociais. Sem dúvida alguma, a rapidez com que a informação é compartilhada equivale a uma grande novidade na história de nossa civilização.

Saturno, por sua vez, evidencia a necessidade de estruturar, integrar e regulamentar, também do ponto de vista jurídico, toda essa informação, para que ela possa assim beneficiar a coletividade, seja no plano econômico, cultural ou social. O futuro e o passado estão presentes nessa conjunção e podem ser um fator de equilíbrio muito produtivo e construtivo nesse novo ciclo.

Os inevitáveis avanços tecnológicos podem criar condições melhores para que mais pessoas tenham acesso ao conhecimento, e de preferência sem abrir mão de critérios éticos mais definidos. Para isso, serão necessárias restrições ao mau uso desses avanços, vale dizer, utilizar o conhecimento com mais sabedoria, ética e responsabilidade. Novas profissões estão a caminho nestes próximos vinte anos.

As lunações de 2020 – Calculadas no fuso horário de Brasília (DF)

1ª LUNAÇÃO

A primeira lunação do ano ocorrerá no dia 24 de janeiro, às 18h43, a 4°22' do signo de Aquário. Podemos observar que os luminares e Mercúrio encontram-se na casa VII da carta, fazendo um ângulo difícil com Urano na casa X. É possível que haja um ciclo de tensão ou turbulências no cenário internacional, que pode afetar a economia global. As relações diplomáticas podem atravessar um período em que atitudes unilaterais ou intransigências afetem parcerias importantes ou acordos previamente consolidados. Temos na lunação o planeta Marte em Sagitário em tensão com Netuno e Vênus em Peixes também ratificando essa possibilidade, uma vez que uma postura beligerante ou impulsiva pode prejudicar a economia e dificultar os investimentos financeiros no país. Mercúrio em sextil com Marte sinaliza o esforço de entendimento e a superação dessas barreiras por meio do diálogo ou de concessões que ajustem as demandas de interesse de todos.

2ª LUNAÇÃO

A segunda lunação do ano ocorrerá no dia 23 de fevereiro, às 12h33, a 4°29' do signo de Peixes. Sol e Lua encontram-se na casa IX da carta, relacionada aos estudos superiores, à jurisprudência e ao comércio internacional. Ao lado de Mercúrio, fazem sextil com Marte em Capricórnio, e esse ângulo pode propiciar maior atenção para essas áreas, promovendo o intercâmbio cultural e a troca de conhecimentos que favoreçam instituições de ensino superior. Mercúrio encontra-se no Meio do Céu, sinalizando iniciativas e negociações favoráveis ao comércio interno do país. Essa posição pode favorecer também a área do transporte, o turismo, investimentos nas áreas de comunicação, jornalismo e mercado editorial. Urano em trígono com Marte aponta para possível crescimento e inovação na área de tecnologia, o que favorece o setor industrial como um todo.

3ª LUNAÇÃO

Teremos a terceira lunação do ano no dia 24 de março de 2020, às 6h29, a 4°12' do signo de Áries. Encontramos o planeta Vênus no signo de Touro, na casa II da carta, em ângulo favorável com Marte, Plutão e Júpiter em Capricórnio, que estão na casa X. Esse aspecto pode significar crescimento na economia, mais eficiência no setor produtivo em geral e entrada de recursos e investimentos, marcando um ciclo de prosperidade para o país. Isso também encontra ressonância com Urano em trígono com o Meio do Céu, que pode representar a renovação de estruturas econômicas que beneficiem a confiança e a credibilidade nas classes dominantes. Os luminares ocupam a casa XII, relacionada ao setor de saúde pública e serviços assistenciais, que ainda tem demandas a serem solucionadas. Mercúrio em sextil com Urano indica a possibilidade de melhor planejamento ou propostas inovadoras na área da educação envolvendo incrementos em recursos tecnológicos que ampliem o alcance da informação para um número maior de pessoas, como o ensino a distância, on-line, via internet.

4ª LUNAÇÃO

A quarta lunação acontecerá no dia 22 de abril, às 23h27, a 3°24' do signo de Touro. Júpiter e Plutão estão em conjunção na casa I, representando um grande esforço do país em prol de uma gestão de recursos mais eficiente, na qual haja mais sobriedade e responsabilidade, visando ações de longo prazo relacionadas à infraestrutura do país. Vênus está em Gêmeos, ocupando a casa V da carta, em trígono com Marte em Aquário. Esse aspecto configura um bom momento para a vida artística, cuja diversidade de interesses culturais será compartilhada com êxito e boa repercussão na mídia. Sol e Lua estão na casa IV da lunação em aspecto difícil com Saturno, que indica lentidão no crescimento do mercado imobiliário, carente de mais atenção e investimentos. Isso pode valer ainda para o agronegócio, que também precisa de mais agilidade na distribuição de seus produtos.

5ª LUNAÇÃO

No dia 22 de maio, presenciaremos a quinta lunação do ano, às 14h40, a 2°5' do signo de Gêmeos. Sol e Lua ocupam a casa VIII da carta, em bom aspecto com Saturno em Aquário, todos em signos de Ar que representam a comunicação, a educação, o comércio, as trocas de informação. Nesse sentido, poderemos observar que o avanço relevante da tecnologia nesses setores deve colocar o país na rota de um crescimento mais expressivo de produtividade, anteriormente planejada. Júpiter e Plutão estão na casa IV da carta, fazendo pressupor que os assuntos relacionados à agricultura podem ser mais bem solucionados, resultando em maior eficiência, uma vez que boa infraestrutura significa eficiência na distribuição dos alimentos. Vênus e Mercúrio estão em quadratura com Netuno, e isso aponta para problemas crônicos na área da saúde, como falta de saneamento básico ou epidemias, o que pode prejudicar a população e a imagem do país.

6ª LUNAÇÃO

A sexta lunação ocorrerá no dia 21 de junho, às 3h43, a 0°21' do signo de Câncer. Observamos o destaque de um *stellium* na casa IX da carta, onde estão Júpiter, Plutão e Saturno em Capricórnio. Saturno nos primeiro graus do signo de Aquário faz um trígono com Vênus no signo de Gêmeos. Essa configuração pode representar um incremento positivo e de longo prazo no intercâmbio cultural com o estrangeiro. Maior flexibilidade em acordos comerciais e diplomáticos também podem impulsionar a economia, tendo em vista os luminares ocupando a casa II da lunação. Júpiter e Plutão em trígono com o Ascendente da carta indicam melhora na imagem da nação no exterior bem como a força crescente do conservadorismo no país. Urano em Touro e Mercúrio em Câncer fazem um sextil, favorecendo inovações pragmáticas para o setor do ensino fundamental, mais adequadas às demandas das crianças e dos jovens. Marte em Peixes, na casa XI, parece mostrar que o Poder Legislativo está mais afinado com os anseios da população.

7ª LUNAÇÃO

No dia 20 de julho, teremos a sétima lunação do ano, às 14h34, a 28°27' do signo de Câncer. Encontramos Júpiter, Plutão e Saturno na casa II da carta, em oposição aos luminares. Essa configuração pode indicar restrições e flutuações financeiras, alterando expectativas criadas em relação ao crescimento do país. Tais constatações podem ter um caráter momentâneo, contudo. Por outro lado, Júpiter em sextil com Netuno pode indicar um diagnóstico correto e preciso dessas dificuldades financeiras, a fim de que se tomem medidas rápidas, que propiciem soluções positivas e pragmáticas. Os setores do agronegócio e do mercado imobiliário tendem a caminhar bem. O sextil entre Vênus e Marte em Gêmeos e Áries, respectivamente, são bons indicadores de expansão para a área cultural e artística; boas iniciativas e decisões mais ousadas devem ser bem recebidas. Críticas ou divergências não comprometerão os bons resultados desses empreendimentos.

8ª LUNAÇÃO

A oitava lunação acontecerá a 26°35' do signo de Leão, às 23h43 do dia 18 de agosto. Nesta carta, observamos os luminares em conjunção com Mercúrio na casa IV, fazendo um trígono com Marte em Áries, todos esses planetas em signos de Fogo. Esse aspecto pode sinalizar a possibilidade de ações com bons resultados em serviços assistenciais públicos, obras de caridade e filantropia em geral. A religiosidade, tão eclética no país, tende a se evidenciar nesse período em que Netuno e Júpiter encontram-se bem aspectados entre si. Marte, por sua vez, faz aspectos tensos com Saturno e Plutão em Capricórnio, na casa IX da carta, o que pode ser um indício de recrudescimento da intolerância e da violência. No entanto, Urano em sextil com Vênus no signo de Câncer propicia ações e resoluções de bom senso por parte dos governantes, que poderão, no médio prazo, melhorar os índices de criminalidade.

9ª LUNAÇÃO

A nona lunação ocorrerá no dia 17 de setembro, às 8h01, a 25°1' do signo de Virgem. Verificamos que os ângulos difíceis da lunação anterior entre Marte, Saturno e Plutão ainda permanecem no céu. Esses aspectos podem indicar tensões, conflitos e greves com trabalhadores da área rural, ou disputas territoriais que marcam a história do país. Por outro lado, esses dois planetas, no signo de Capricórnio, estão em trígono com o Sol e a Lua no signo de Virgem, do elemento Terra. Esse posicionamento benéfico traz boa perspectiva para soluções práticas a essas divergências, tendo em vista a complexidade dos problemas e a dimensão territorial do nosso país. Vênus em tensão com Urano sinaliza divergência de interesses; as classes dominantes expressam relutância e resistência a mudanças propostas para o setor financeiro. Júpiter em sextil com Netuno aponta para a provável dissolução de barreiras e burocracias, a fim de que haja mais transparência por parte das instituições financeiras em relação ao dinheiro que sai do país de forma irregular.

10ª LUNAÇÃO

A décima lunação se dará no dia 16 de outubro, às 16h32, a 23°53' do signo de Libra. Assim como na lunação anterior, ainda vemos a presença de possíveis conflitos e disputas entre os três poderes. Mercúrio e Urano em oposição podem sinalizar uma radicalização de pontos de vista bem divergentes em relação aos temas da economia, ou oscilações expressivas na bolsa de valores. Sol e Lua estão em Libra, signo das relações e das parcerias. As quadraturas com Júpiter e Plutão apontam para arbitrariedades jurídicas ou diplomáticas que só serão solucionadas com muita flexibilidade. O Poder Judiciário poderá ser bastante questionado em função dos aspectos difíceis entre Marte, Júpiter e Plutão na casa X da carta. Cidadãos clamam por seus direitos de forma cada vez mais assertiva. Vênus está na casa VI em Virgem, em sextil com Mercúrio e em trígono com Júpiter, o que deve representar mais recursos financeiros destinados à saúde pública.

11ª LUNAÇÃO

A décima primeira lunação se dará no dia 15 de novembro, às 2h08, a 23°18' do signo de Escorpião. Neste ciclo, a conciliação de interesses que visem à expansão da economia tende a ser mais relevante em razão de uma estratégia de flexibilização que terá êxito entre as partes interessadas. Os luminares estão na casa II da carta, que representa a riqueza do país, as instituições financeiras, a circulação do capital. Sol e Lua fazem sextil com Plutão e Júpiter e trígono com Netuno em Peixes, mostrando bons sinais para que o país adote uma legislação mais justa e transparente, que traga maiores oportunidades de trabalho para o bem-estar dos cidadãos. O setor de entretenimento e lazer pode passar por uma reestruturação operacional e financeira a fim de se tonar mais enxuto, visando maior captação de recursos e mais criatividade.

12ª LUNAÇÃO

No dia 14 de dezembro teremos a última lunação do ano, às 13h18, a 23°8' do signo de Sagitário. Os luminares e Mercúrio encontram-se na casa IX da carta, em trígono com Marte em Áries. Iniciativas e propostas mais ousadas a fim de expandir nosso comércio internacional, tanto na exportação como na importação, trarão dividendos expressivos para o país. Da mesma maneira, as universidades e o setor da cultura podem receber mais subsídios materiais e tecnológicos que aumentem a produção de conhecimentos e pesquisas em geral. É possível que o turismo internacional ganhe mais destaque neste ciclo. Os três Poderes podem passar por um momento de mais estabilidade e harmonia, em que conflitos de interesse serão solucionados pela boa vontade e inteligência. A economia deve passar por uma onda de mais prosperidade, relacionada a uma imagem positiva do país no estrangeiro e que resultará em confiança ou credibilidade maior.

Regências planetárias

Aqui relacionamos os planetas, as áreas e os assuntos regidos por cada um deles. Com esses dados em mãos, o leitor poderá escolher as melhores datas para praticar suas atividades do dia a dia, de acordo com as previsões do *Guia astral*.

LUA: Rege as viagens; as mudanças temporárias; a água e os líquidos em geral bem como seu respectivo comércio; o comércio varejista; os artigos de primeira necessidade; a pesca; os assuntos domésticos; a saúde; as comissões e o cotidiano.

MERCÚRIO: Influencia os contratos; os assuntos relacionados com cartas, papéis e escritos; a literatura; os transportes; o correio; o fax; viagens curtas e excursões; mudanças de residência; estudos e o raciocínio com relação a questões práticas.

VÊNUS: Rege as artes em geral, tais como a música, o teatro e o cinema, a moda. Influencia também os amores, as amizades, o casamento, as diversões, as plantações, os tratamentos de beleza, a decoração dos ambientes e os assuntos domésticos e sociais.

SOL: Favorece o trabalho profissional, a publicidade, as honrarias, os favores e as melhorias. Os seus bons aspectos são positivos quando se solicita emprego ou aumento de salário, bem como quando se trata com autoridades ou superiores em geral.

♂ **MARTE:** Atua sobre operações cirúrgicas, consultas a médicos e dentistas, lutas, negócios arriscados, assuntos militares e tudo o que se refere ao ferro ou às armas, os esportes, a iniciativa em empreendimentos.

♃ **JÚPITER:** Governa os assuntos financeiros, jurídicos, religiosos e filosóficos, o comércio, os empréstimos, a expansão, a vida cultural, o estrangeiro, as viagens longas, os estudos superiores.

♄ **SATURNO:** Rege o trabalho em geral, os negócios relativos a terras, casas, minas e construções, a agricultura, os estudos e as coisas antigas. Também favorece os que tratam com pessoas famosas ou idosas.

♅ **URANO:** Influencia mudanças repentinas, assuntos e negócios relativos à eletricidade e ao magnetismo, drogas medicinais, novos empreendimentos, alta tecnologia, novas ideias e astrologia.

♆ **NETUNO:** Tem sob sua atuação questões psíquicas, tais como clarividência, clariaudiência, telepatia e intuição, o misticismo, as manifestações coletivas e os assuntos marítimos.

♇ **PLUTÃO:** Atua sobre tudo aquilo que exige energia e entusiasmo, as ideias originais, o pioneirismo, os assuntos relacionados à energia nuclear e as transformações radicais.

Guia astral 2020

As informações a seguir se referem aos aspectos que o Sol, a Lua e os planetas formam entre si diariamente. Para melhor aproveitamento dessas informações, verifique na seção "Regências planetárias", na p. 126, a relação de planetas, atividades e assuntos que são regidos por eles.

Aqui são observados e interpretados os trânsitos da Lua, que se move rapidamente, e dos demais planetas em um único dia. Esse fato faz com que as interpretações deste *Guia* e das previsões astrológicas por vezes pareçam contraditórias entre si; no entanto, elas são complementares.

Janeiro

1º É possível que as relações em geral fiquem aquém das expectativas. Será preciso perdoar a falta de pessoas queridas e ver o lado positivo das situações no decorrer do dia. **Favorável para todos os planetas.**

2 Enfrente as adversidades do cotidiano de cabeça erguida e não procrastine decisões importantes. Em certos momentos, não é possível preocupar-se somente com a autoimagem; é preciso agir. **Favorável para Lua e Marte.**

3 Dia positivo para comunicar suas ideias e *insights* a pessoas que sejam confiáveis. Não há por que repetir ou imitar ideias de outros quando você pode ser mais criativo, confiando em sua intuição. **Favorável para Júpiter e Mercúrio.**

4 Marte entra no signo de Fogo de Sagitário, dando mais vida aos seus ideais e motivações éticas ou humanitárias. Direcione sua vontade com mais determinação e foco, acreditando nos resultados. **Desfavorável para Lua e Plutão.**

5 Não tenha receio de expor seu ponto de vista ou interagir mais em redes sociais. Suas opiniões podem ser bem recebidas. Ótimo para estar com amigos, trocar afeto e sentir-se querido. **Favorável para Mercúrio e Lua.**

6 Dia favorável para tomada de decisões e também para pôr a mão na massa em relação a assuntos que vem procrastinando. Conselhos de pessoas mais maduras podem ser bastante inspiradores. **Favorável para Sol e Netuno.**

7 A motivação para o autoconhecimento pode ser estimulada por boas leituras, reflexões e amizades genuínas. É sempre importante receber bem as críticas de pessoas que nos querem bem! **Favorável para todos os planetas.**

8 Dia proveitoso para a vida social, que segue animada. Lua em trígono com Vênus em Aquário de indica chances uma aventura amorosa vibrante, intensa e rápida; aproveite o momento. **Favorável para Netuno e Mercúrio.**

9 Hoje é possível conciliar o pensamento racional e pragmático com sensibilidade e compaixão. Você pode ouvir e entender em profundidade aquilo que alguém, em confiança, tem a lhe dizer ou perguntar. **Favorável para Lua e Urano.**

10 Momento de maturidade e lógica na forma de perceber as coisas. Ao aceitar a responsabilidade pelo que lhe acontece, você se fortalece e pode colaborar com o bem-estar de todos. **Favorável para Sol e Mercúrio.**

11 Seu envolvimento com o trabalho ou os estudos vai direcionar sua energia para que obtenha mais êxito em suas metas. Foco é a palavra-chave para chegar aonde deseja, lembre-se disso. **Desfavorável para Lua e Urano.**

12 Momento interessante para estar com familiares de mais idade, cuja sabedoria você pode aproveitar para a vida. Ótimo para colocar o ano em perspectiva e definir projetos pessoais, intelectuais e profissionais. **Favorável para Sol, Plutão e Mercúrio.**

13 Este é um dia de grande sensibilidade psíquica e física; sua imaginação está muito aguçada. Procure observar seus devaneios ou desejos mais íntimos: o que eles estão querendo lhe dizer? **Desfavorável para Vênus e Lua.**

14 A intransigência e a falta de jogo de cintura podem atrapalhar seu desempenho no ambiente de trabalho. É importante não tomar decisões sustentadas por emoções negativas e para suportar as contrariedades. **Favorável para Lua, Plutão e Saturno.**

15 Hoje o clima para o entendimento e diálogos convergentes é bem melhor. Você está mais à vontade para comunicar seus sentimentos sem magoar ninguém. Trabalhe mais em equipe. **Desfavorável para Saturno e Lua.**

16 Mercúrio adentra o signo de Aquário, relacionado aos planos para o futuro. É hora de se abrir para novas formas de avaliar e pensar o mundo, com menos preconceitos e julgamentos. **Favorável para Urano e Vênus.**

17 Lua e Sol estão em ângulo difícil, o que pode sinalizar tensão entre seus desejos e as obrigações do trabalho. Não há solução mágica à vista, mas sim a possibilidade de aceitar os desafios, pois são circunstanciais. **Desfavorável para Saturno.**

18 Os aparatos eletrônicos são bons até o momento em que deixam de funcionar. Faça *backup* de seus documentos e contatos telefônicos para não ser pego de surpresa em algum imprevisto. **Desfavorável para Mercúrio e Urano.**

19 Neste dia, sua energia vital está mais acentuada. Excelente para caminhar ao ar livre, tomar sol, mexer o corpo. Lua e Sol em harmonia trazem mais equilíbrio entre o corpo e a mente. **Favorável para Saturno e Plutão.**

20 Lua e Marte estão em Sagitário, sinalizando mais presença de espírito e bom humor para tocar o cotidiano. Qualquer contrariedade afetiva será rapidamente resolvida em função de sua leveza de espírito. **Desfavorável para Vênus.**

21 O Sol adentra o signo de Aquário e traz um colorido próprio aos seus dias. Pode haver necessidade de contato com pessoas diferenciadas em seu cotidiano, que estimularão seu lado mais livre e espontâneo. **Desfavorável para Lua e Netuno.**

22 Hoje o dia também é especial para a interação social; não perca a oportunidade para curtir eventos artísticos ou culturais. Convide a felicidade para fazer parte de seu dia; viva o agora. **Favorável para Urano, Lua e Vênus.**

23 O clima astral está animado, e o Cupido pode trazer alguma novidade. Deixe os medos do passado em casa e saia para se divertir. Quem não quer encontrar sua cara-metade? **Favorável para Vênus e Júpiter.**

24 Talvez você precise recuar ou se sinta invadido pelo medo para investir em um relacionamento. Observe seus sentimentos com honestidade e lembre-se: ninguém é perfeito. **Desfavorável para Saturno, Urano e Lua.**

25 Excelente momento para ampliar conhecimentos, expandir o que já sabe, participar de congressos e palestras, trocar informações; sempre há algo para aprender com todo tipo de pessoa. **Favorável para Mercúrio e Marte.**

26 Dia benéfico para mudar a rotina e a paisagem habitual, fazer algo inusitado. Ao deixar certos hábitos de lado, você poderá se surpreender com novos prazeres, amigos ou ideias. **Favorável para todos os planetas.**

27 Seu lado romântico e sensível também precisa ser levado em consideração. Portanto, permita-se ser conquistado e elogiado, pois é um passo importante para iniciar um novo relacionamento. **Desfavorável para Marte.**

28 Caso esteja decepcionado com colegas de trabalho, lembre-se de que as expectativas foram criadas por você. Todos são suscetíveis a contradições, erros de avaliação, mau humor etc. **Desfavorável para Marte e Netuno.**

29 A Lua está no signo de Peixes, de modo que será mais fácil compreender o outro e colocar-se no lugar dele sem fazer julgamentos. Ótimo para ir ao cinema, ouvir boa música e relaxar a mente. **Favorável para Lua e Saturno.**

30 Uma onda de sentimentalismo ou exigências descabidas pode voltar a afetar sua vida amorosa. Tire a lente de aumento dos problemas para assim relativizar o tamanho deles. **Desfavorável para Lua, Júpiter e Saturno.**

31 Todas as atitudes que envolvam o desejo de controlar os outros não vão dar certo. Olhe primeiro para suas imperfeições, antes de proferir palavras duras e ríspidas que possam magoar alguém especial. **Favorável para Lua e Marte.**

Fevereiro

1º Relações sociais e amorosas estão muito favorecidas. Seu charme e carisma não passarão despercebidos. Trate de valorizar a si mesmo, aceitando de verdade os elogios que possa receber. **Favorável para Vênus e Plutão.**

2 O convívio com pessoas gentis e mais sensíveis será muito benéfico à sua alma. Dia excelente para ouvir música, ir ao cinema e ver coisas bonitas que possam desligar sua mente da correria do cotidiano. **Favorável para Lua e Netuno.**

3 Neste dia, Lua e Mercúrio em tensão podem significar dispersão e instabilidade. Dessa forma, evite tomar decisões e se expor demais no trabalho; não há por que mostrar sua fragilidade aos demais. **Favorável para Saturno.**

4 Hoje você pode sentir-se mais fortalecido e seguro daquilo que sente, comunicando-se com mais eficiência. Organize sua agenda e sua casa para que tudo funcione com mais objetividade. **Favorável para Vênus e Saturno.**

5 A vida afetiva pode estar em dissonância com aquilo que você esperava, mas não vai adiantar discutir sua relação, em função das altas expectativas. Veja com mais honestidade os próprios defeitos. **Desfavorável para Vênus e Marte.**

6 Ainda que esteja ressentido com alguém e esperando por uma retratação, não aumente o tamanho do problema. Respire fundo e confie mais nos outros, optando por uma postura mais relaxada e confiante. **Desfavorável para Júpiter.**

7 Vênus entra no signo de Sagitário e pode sinalizar um clima de "paixonite" à vista, fato que o deixará inspirado e contente. O importante é não esperar por juras de amor eterno e viver o presente. **Desfavorável para Saturno e Plutão.**

8 Aproveite este momento de romantismo, que eleva seu amor-próprio. Não é preciso esforço quando se age de maneira espontânea e livre. Ótimo para dançar em ambientes alegres e festivos. **Favorável para todos os planetas.**

9 A Lua Cheia pode fazer as emoções transbordarem; tudo é muito forte e intenso. Mostre seus sentimentos sem receio de ser julgado. Pode ser por meio de um presente, um gesto generoso ou inusitado. **Favorável para Lua e Marte.**

10 Bom momento para projetar no futuro sua autonomia e independência financeira. Crie mentalmente a imagem daquilo que deseja como se já

estivesse acontecendo. Não descuide da saúde e evite excessos. **Favorável para Urano.**

11 Agora você pode colher os frutos dos esforços feitos no passado, e essa sensação de dever cumprido é muito estimulante. Pessoas mais sábias e experientes serão fonte de inspiração para sua vida. **Favorável para Júpiter e Netuno.**

12 Hoje será preciso desenvolver a habilidade de escutar com mais atenção e evitar confrontos desgastantes. Alguém terá de ceder, e é sempre bom lembrar que às vezes recuar de um ponto de vista é sinal de inteligência emocional. **Desfavorável para Vênus e Lua.**

13 Um período de muito trabalho pode deixá-lo em estado de ansiedade e preocupação excessiva. Veja como diminuir essa sobrecarga delegando ou desmarcando compromissos sem grande urgência. **Desfavorável para Lua, Saturno e Plutão.**

14 A necessidade ou a falta de algo colocará em andamento talentos seus que por vezes ficam esquecidos. Use mais a criatividade e a intuição para achar as soluções que está precisando. **Favorável para Mercúrio.**

15 Bom momento para estar com amigos queridos, rever pessoas do passado e curtir lembranças prazerosas. Fique de olho na saúde, sem procrastinar tratamentos ou consultas já agendadas. **Favorável para Netuno e Saturno.**

16 Marte em Capricórnio pode proporcionar um ciclo de melhor desempenho e determinação, no qual sobressairão sua eficiência e concentração de esforços para chegar aonde deseja em sua vida. **Favorável para Lua e Vênus.**

17 Não desanime por falta de notícias ou respostas que estiver esperando. Tudo tem a hora certa para acontecer. Reorganize seu dia e seus documentos, jogue fora os papéis sem grande utilidade, e ponha foco naquilo que é essencial. **Desfavorável para Netuno e Lua.**

18 A Lua no signo de Sagitário amplia seus interesses filosóficos ou espirituais. O desejo de aprender ou aperfeiçoar aquilo que já sabe é importante para o crescimento da vida social e profissional. **Favorável para Sol e Urano.**

19 Hoje há um *stellium* no signo de Capricórnio, associado à ambição, responsabilidade e ascensão social. Jogue-se de corpo e alma no trabalho,

sabendo que os resultados virão na hora certa. **Favorável para Júpiter e Plutão.**

20 Seu empreendedorismo é reconhecido por todos; siga esse caminho de dedicação em tudo o que realiza. Na vida afetiva, podem surgir ressentimentos que pareciam estar superados. **Desfavorável para Lua e Saturno.**

21 Cancelamentos ou imprevistos na rotina podem despertar sua criatividade e presença de espírito para que possa superá-los. É assim que você acabará descobrindo talentos que até então desconhecia. **Favorável para Marte e Urano.**

22 Ainda neste dia prevalece a vontade de reformular seus hábitos mais rotineiros. Pode ser na alimentação, na forma de se vestir ou na decoração da casa – ou, quem sabe, fazendo novos amigos. **Favorável para Urano, Lua e Vênus.**

23 Nada como a sensação de alegria de fazer aquilo que você realmente gosta. Não negue seus desejos e procure estar mais consciente do quanto isso é fundamental para seu bem-estar. **Favorável para Sol e Marte.**

24 O amor que sente por alguém não tem o dom de transformá-lo naquilo que você idealizou. As pequenas desavenças do cotidiano fazem parte do processo de amadurecimento da relação. **Desfavorável para Júpiter e Vênus.**

25 Neste dia é aconselhável não fazer gastos por impulso, pois as contas mais tarde chegarão. Procure evitar excessos com bebida e na alimentação, diminuindo o consumo de frituras, carboidratos e açúcar. **Favorável para Sol, Marte e Saturno.**

26 Mercúrio, Sol e Marte estão em ângulos favoráveis entre si. Agora você pode ver e compreender com mais clareza quais são os próximos passos para investir e crescer no trabalho ou nos estudos. **Favorável para todos os planetas.**

27 Eventos difíceis na vida profissional podem deixá-lo com a sensação de impotência. Por isso avalie as dificuldades de um novo ângulo e seja mais flexível em relação a elas. A vida é feita de mudanças. **Desfavorável para Júpiter e Plutão.**

28 O ritmo arrastado da rotina, atrasos ou contratempos o desanimarão; a paciência é a melhor pedida para este momento. Se possível, tente ver

com mais senso de humor as circunstâncias, pois são passageiras. **Desfavorável para Saturno.**

29 A insatisfação ou o ciúme sem fundamento pode perturbar seu coração. Talvez esteja chegando a hora de ter uma conversa mais franca com a pessoa amada. Ressentimentos não servem para muita coisa. **Desfavorável para Vênus e Plutão.**

Março

1º Momento positivo para encontrar as pessoas certas com as quais possa compartilhar suas ideias e novos interesses. Seus projetos de longo prazo podem e devem ser colocados em prática. **Favorável para todos os planetas.**

2 O planeta Mercúrio, relacionado à comunicação, está em movimento retrógrado. Assim, é importante ter mais cuidado com as palavras, que podem ser mal interpretadas. **Desfavorável para Sol e Lua.**

3 Não subestime a importância das relações familiares, pois são sustentação emocional para todos. Mesmo que as demandas externas sejam grandes, encontre tempo para se dedicar às pessoas que gostam de você. **Desfavorável para Netuno.**

4 Vênus e Saturno em ângulo de tensão pedem mais tolerância e compaixão nas relações em geral. Se suas expectativas se frustrarem, procure ver o que você pode aprender com isso, sem ficar procurando por culpados. **Favorável para Vênus e Urano.**

5 Um bom treino para este dia será não levar conflitos nem discussões genéricas para o lado pessoal. Cada um tem suas crenças e convicções, que devem ser respeitadas; tudo é circunstancial. **Favorável para Lua e Netuno.**

6 A Lua neste dia faz ângulos difíceis com Saturno e Plutão, sinalizando possíveis contratempos com o andamento de seus projetos, pessoais ou profissionais. Dê mais tempo para que tudo se ajeite; não tenha pressa. **Desfavorável para Urano.**

7 Vênus e Urano estão em conjunção no signo de Touro. Essa configuração planetária pode deixá-lo mais interessado ou estimulado por pessoas pouco convencionais, livres ou criativas. **Desfavorável para Mercúrio.**

8 Hoje o dia pode ser marcado por experiências ou programas inusitados Permita-se conhecer lugares novos, quebrar a rotina, experimentar outro tipo de alimentação. Vale dizer, sair da zona de conforto. **Desfavorável para Mercúrio e Lua.**

9 A semana tem início com a Lua Cheia no signo de Virgem e o Sol no signo de Peixes. Você pode ter bons *insights* ou intuições, mas eles serão sustentados também pela lógica pragmática. Um dia deveras criativo. **Favorável para Urano e Vênus.**

10 Agora Mercúrio volta ao movimento direto, possibilitando êxito e fluência na comunicação de suas ideias ou conselhos. Positivo também para os relacionamentos íntimos; sua maturidade será muito valorizada. **Favorável para Lua e Saturno.**

11 É provável que as obrigações rotineiras ou os gastos extras o deixem nervoso ou estressado. Convém não se deixar levar pelas circunstâncias; crie mentalmente imagens que mostrem as soluções de que está precisando. **Desfavorável para Marte e Júpiter.**

12 O sextil entre Júpiter e Sol pode mostrar capacidade de achar novos caminhos ou diretrizes para sua vida. Ter espírito confiante é um ótimo passo em direção à superação das adversidades. **Desfavorável para Lua e Plutão.**

13 Hoje você está mais assertivo, podendo tomar decisões rápidas e positivas no trabalho. Seria interessante cuidar mais da alimentação e praticar atividades físicas com mais regularidade; sua saúde vai agradecer. **Favorável para Marte e Netuno.**

14 Momento ainda oportuno para cuidar de seu bem-estar físico; não adie tratamentos nem consultas médicas. Diagnósticos acertados ou cuidados preventivos são essenciais à saúde em geral. **Favorável para Netuno, Plutão e Saturno.**

15 Hoje provavelmente você se sentirá com disposição e vitalidade para estar ao ar livre, fazer caminhadas, andar de bicicleta, desfrutar da companhia de bons amigos. Desligue a mente do trabalho. **Favorável para Sol e Plutão.**

16 Neste dia, talvez você se sinta atraído por leituras e conhecimentos mais filosóficos, que ampliem sua percepção ou entendimento da existência.

Mas convém lembrar que seus planos pessoais também precisam ser realistas. **Desfavorável para Lua e Sol.**

17 Sua vida social está animada, e as pessoas podem estar mais receptivas às suas opiniões. Você poderá iniciar alguma parceria, que, mesmo sendo passageira, talvez traga dividendos financeiros. **Favorável para Vênus e Urano.**

18 A Lua e Júpiter em Capricórnio trazem estabilidade e disciplina para que você concretize o que precisa sem grande esforço. Você está mais focado naquilo que quer, e tudo flui de forma mais natural e até inspiradora para os demais. **Favorável para todos os planetas.**

19 Hoje o ciclo de eficiência e determinação ainda tem continuidade. No entanto, um contratempo pode deixá-lo chateado. Não se deixe abater; tudo será superado antes do que imagina. **Desfavorável para Saturno e Urano.**

20 O planejamento estratégico dos próximos passos no trabalho trará melhores resultados em seu desempenho profissional. Confie em si mesmo e não tenha pressa; tudo virá a seu tempo. **Favorável para Sol e Saturno.**

21 Momento excelente para programar uma viagem a longa distância, ou que tenha um apelo cultural interessante. A vida não é feita só de rotina e horários. Seu espírito está precisando de desafios e novidades. **Favorável para Marte e Júpiter.**

22 A proximidade de pessoas afinadas com suas ideias será inspiradora. Não tenha receio de se expor ou de estar aberto às novidades, seja na forma de pensar ou de se relacionar. **Favorável para Urano e Mercúrio.**

23 Netuno e Vênus estão em harmonia no céu planetário. Saiba que atitudes diplomáticas serão a chave para que tudo flua bem ao seu redor. Dia auspicioso para ouvir música e namorar. **Favorável para Marte e Lua.**

24 A Lua Nova acontece no signo de Áries, relacionado a inícios, entusiasmo e coragem. Reflita mais naquilo que deseja para seu sucesso e faça disso uma meta a ser alcançada. **Favorável para Marte e Plutão.**

25 Continue firme em seus propósitos profissionais; sua eficiência está em alta. A vontade de superar a si mesmo pode ser uma surpresa até mesmo para você. Evite o excesso de atividades físicas. **Favorável para todos os planetas.**

26 Certo cansaço em função da quantidade de responsabilidades assumidas pode deixá-lo abatido. Saiba respeitar seus limites e não sobrecarregue tanto seu corpo; é hora de descansar e recarregar as baterias. **Favorável para Lua e Urano**.

27 Bons negócios podem surgir neste dia, e isso favorece as novas aquisições com as quais tem sonhado. No entanto, faça um bom planejamento financeiro para não se endividar. Tudo caminha bem na vida familiar. **Favorável para Mercúrio e Lua**.

28 Vênus e Júpiter no céu estão em aspecto harmônico e sinalizam um dia de felicidade e bem-estar. Ótimo para estar com amigos, divertir-se e desfrutar de momentos de otimismo e generosidade com todos eles. **Favorável para todos os planetas**.

29 Você poderá receber a visita do Cupido, que tem por hábito flechar o coração de seres que desejam se apaixonar. Não se esquive de nenhuma oportunidade de abrir o coração a alguém. **Favorável para Plutão e Vênus**.

30 Hoje você pode estar sujeito a respirar uma atmosfera de intrigas e fofocas que o deixarão confuso. Por isso mesmo, não tome partido de ninguém; espere o clima nebuloso clarear. Evite bebidas alcoólicas. **Desfavorável para Netuno e Lua**.

31 Marte está no signo de Aquário, relacionado a amigos e planos para o futuro. Invista mais em conhecimentos na área de tecnologia; atualize-se sempre que puder. As atividades humanitárias estão igualmente favorecidas. **Favorável para todos os planetas**.

Abril

1º A Lua faz bons aspectos com Mercúrio e Netuno em Peixes. Sua mente será capaz de captar sutilezas que nem todos percebem; confie na intuição e observe seus sonhos. Evite excessos na alimentação. **Desfavorável para Sol**.

2 Sua sensibilidade psíquica ainda está em alta; a vida amorosa é vivenciada com mais cumplicidade e romantismo. Oportuno para namorar, ver um espetáculo de dança ou música, ou um bom filme na TV. **Desfavorável para Plutão e Júpiter**.

3 Vênus entra no signo de Gêmeos, relacionado à comunicação, jovialidade e interação intelectual. Não recuse convites para sair e conhecer pessoas que podem enriquecer sua vida social; fuja da rotina. **Favorável para Lua e Sol**.

4 Neste momento, suas relações pessoais tendem a estar mais estáveis, e sua maturidade e seu bom senso inspiram confiança nos familiares. Suas convicções e ideias vão encontrar receptividade e interesse por parte de todos. **Favorável para Mercúrio e Netuno**.

5 Talvez aquilo que tenha programado para este dia não aconteça como queria. Mas você poderá exercitar seu jogo de cintura e viabilizar outras formas de lazer igualmente interessantes. **Favorável para Urano**.

6 O sextil entre Júpiter e Plutão no céu está sendo ativado pela Lua. Positivo para estar mais consciente de seus recursos e talentos ainda desconhecidos; invista neles sempre que for possível. **Favorável para todos os planetas**.

7 Seu carisma hoje pode se manifestar por meio de palavras e pontos de vista mais questionadores que o habitual. Bom para fazer investimentos financeiros de risco em longo prazo. **Favorável para Mercúrio e Plutão**.

8 Hoje temos Lua Cheia, que está em Libra em oposição ao Sol em Áries. Um bom estrategista sempre sabe a hora certa para avançar ou recuar. Este será o desafio do dia a ser aprendido. **Favorável para Júpiter e Mercúrio**.

9 Urano está pressionado por Marte neste dia. Todo cuidado é pouco com atitudes extremas ou intolerantes. Não faça julgamentos precipitados, sem conhecimento de causa, pois podem se voltar contra você. **Desfavorável para Lua**.

10 Hoje diálogos produtivos e de consenso podem acontecer e impactar seu ambiente de trabalho de forma positiva. Sua visão de longo alcance será essencial para a tomada de decisões. **Favorável para Lua, Plutão e Júpiter**.

11 Neste dia, seus desejos do coração devem ser atendidos de maneira inesperada. Dê mais espaço às fantasias e ao romantismo, que nunca fizeram mal a ninguém. Expresse seus sentimentos sem medo de ser feliz. **Favorável para Vênus e Marte**.

12 Instabilidades afetivas na vida doméstica podem deixar o dia um pouco tedioso ou frustrante. Caberá a você mudar o rumo das coisas e propor algo que possa beneficiar a todos; não faça drama. **Desfavorável para Netuno.**

13 Neste dia pode haver tendência à dispersão e pouca clareza naquilo que quer comunicar. Pense antes de falar e não exija dos outros uma coerência que nem mesmo você possui. **Favorável para Lua e Urano.**

14 Hoje é possível que você tenha de fazer uma reformulação das metas no plano profissional ou com suas parcerias. A Lua Minguante é o momento adequado para essa reflexão. **Desfavorável para Sol e Plutão.**

15 A vida está lhe exigindo menos dogmatismo e rigidez; sua visão unilateral das coisas acaba emperrando seu crescimento. Escute sugestões de amigos mais próximos e confiáveis. **Desfavorável para Sol e Júpiter.**

16 Neste dia, sua assertividade e coragem para a tomada de decisões será fundamental a fim de colocar as coisas em movimento. Não tenha receio de sua capacidade de liderar e encorajar os outros. **Favorável para Lua e Marte.**

17 Dia benéfico para a vida social, encontrar amigos queridos, trocar ideias e quem sabe planejar uma festa ou viagem de lazer. Lua e Sol em harmonia no céu propiciam mais vitalidade e alegria de viver. **Favorável para Vênus e Mercúrio.**

18 Fique de olho em um possível mal-entendido que possa comprometer seu trabalho de modo desnecessário. Não queira se justificar; apenas faça e dê o seu melhor, e bola para a frente. **Desfavorável para Lua e Vênus.**

19 Hoje há um dinamismo em suas palavras e ideias que pode influenciar pessoas próximas. Tome iniciativas sem receio de errar, pois poderá confiar em sua intuição e presença de espírito. **Favorável para Mercúrio e Marte.**

20 Agora você está confiante e tem as rédeas da situação em mãos, sabendo aproveitar as oportunidade para otimizar não só seu desempenho, mas o de todos os colegas de trabalho. **Favorável para Júpiter e Saturno.**

21 Dia dinâmico e intenso, em que sua capacidade de se comunicar, cooperar e estimular os outros está a mil por hora. Excelente para viagens rápidas e passeios inusitados e estimulantes. **Desfavorável para Saturno e Sol.**

22 Procure não se deixar levar por intrigas ou insinuações de inveja, pois o sucesso pode agradar alguns e incomodar outros. Siga seu caminho, confiando sempre em sua capacidade. **Desfavorável para Plutão e Lua**.

23 Hoje é dia de Lua Nova, em que tem início mais um ciclo entre Sol e Lua. Aproveite para se concentrar em si mesmo e avaliar o que gostaria de atrair para a sua vida agora. Seu pensamento tem poder, acredite. **Favorável para Urano.**

24 Talvez você não possa ter todas as suas vontades satisfeitas, mas é preciso lembrar que as contrariedades acabam por fortalecer o espírito. A força psíquica, assim como a força física, precisa de treinamento. **Desfavorável para Marte e Lua.**

25 Hoje você ainda precisa controlar sua impetuosidade verbal, pois, do contrário, vai criar problemas com pessoas queridas. Invista mais na tolerância; escute com mais atenção o que os outros têm a lhe dizer. **Desfavorável para Plutão e Mercúrio.**

26 As divergências de pontos de vista com relação ao que é certo ou errado podem criar conflitos acirrados dentro do ambiente familiar. Seja como for, evite tomar partido. **Favorável para todos os planetas.**

27 Sol e Urano em conjunção no signo de Touro dinamizam e estimulam seu espírito criativo. Faça bom uso de sua originalidade; arrisque-se mais e se surpreenderá. Boas notícias estão por chegar. **Favorável para Mercúrio.**

28 Mesmo que suas intenções sejam realmente positivas, você poderá encontrar resistência pelo caminho; mas, com sua inteligência, poderá contorná-la. Não queira bater de frente com os outros; as divergências serão superadas. **Favorável para Lua e Urano.**

29 Dia interessante para estar com amigos aos quais confia sua vida íntima e seus segredos. Deixe de lado a crença de que não pode mostrar suas fragilidades e incertezas. Quem não as tem? **Favorável para Netuno**.

30 É provável que se sinta mais sobrecarregado com o trabalho e preocupado com o ritmo lento dos resultados – algo que poderá deixá-lo frustrado. Este será um teste de paciência; não desanime, pois é circunstancial. **Desfavorável para Saturno, Urano e Lua**.

1º Mercúrio junto a Urano no signo de Touro promete um dia em que você ficará antenado em novas propostas e ideias que possam ser colocadas em prática – e de preferência com rapidez e eficiência. Vá em frente. **Favorável para Marte e Lua.**

2 Hoje o dia é propício para trocar ideias e informações produtivas para seu trabalho, e que melhorem seu desempenho. Bom momento para renovar ou alterar seu cardápio; invista mais em alimentos naturais e evite os processados. **Favorável para Urano e Mercúrio.**

3 Netuno encontra-se pressionado pela Lua e por Vênus no céu. Não se deixe levar por sugestões equivocadas ou intrigas. Há uma névoa de confusão que precisa passar, para que possa ver com clareza o que está acontecendo. **Favorável para os demais planetas.**

4 Sol e Mercúrio estão em conjunção, facilitando bons negócios, investimentos de curto prazo, e tornando reuniões de trabalho mais produtivas. Você está confiante, e isso acaba por encorajar os colegas de trabalho. **Favorável para Lua e Júpiter.**

5 Ressentimentos na vida amorosa poderão ser esclarecidos no dia de hoje. Seja flexível para escutar, ponderar e, assim, reconciliar-se com a pessoa amada. Esqueça os eventos do passado. **Favorável para Vênus e Marte.**

6 O momento pede cautela com gastos supérfluos e excessivos, que tendem a desorganizar seu orçamento. Tenha o bom senso de optar pela realidade, pois as contas podem dar um susto no final do mês. **Favorável para Júpiter e Plutão.**

7 Momento auspicioso para fazer uma rápida dieta de desintoxicação com chás e líquidos. Aproveite para tirar os carboidratos da dieta por alguns dias e para investir mais em frutas e saladas. Seu organismo precisa de um descanso. **Favorável para Mercúrio e Netuno.**

8 A Lua está no signo de Escorpião, e essa posição pode deixá-lo mais sensível e sério em relação aos seus sentimentos. O que você deseja realmente para sua vida? Está deixando de lado algo que é importante por motivos fúteis? **Favorável para todos os planetas.**

9 Mercúrio e Plutão em harmonia sinalizam um momento produtivo para organizar ideias, escrever, marcar encontros. Seu poder de persuasão está

mais forte, e isso facilita a comunicação de modo geral. **Favorável para Lua e Vênus**.

10 Dia excelente para o lazer de natureza cultural ou artística, teatro, dança ou música. Aproveite para passar mais tempo ao lado de crianças e ver amigos queridos. Se precisar tomar uma decisão, escute a intuição. **Favorável para Mercúrio, Júpiter e Marte**.

11 Com seu corpo agora mais leve, você pode dedicar mais tempo a práticas meditativas, yoga ou conhecimentos espirituais, e livros de autoajuda. Tudo é bem-vindo quando a meta é o conhecimento de si mesmo. **Favorável para Sol e Netuno**.

12 Seu intelecto está muito acelerado; todos os assuntos o interessam ao mesmo tempo. Ótimo para interagir em redes sociais, fazer algum curso que deseja ou aprender outra língua. **Favorável para Saturno e Mercúrio**.

13 Marte está adentrando o signo aquático de Peixes. Momento favorável para observar com mais cuidado a qualidade de suas relações. Seja mais claro e objetivo ao dizer o que pensa e sente, uma vez que o outro não sabe ler seus pensamentos. **Favorável para todos os planetas**.

14 Lua e Vênus estão em harmonia em signos de Ar. Excelente período para sair, dar risadas, sentir-se querido e importante para seus amigos. Nada substitui o contato humano, por melhor que sejam os recursos eletrônicos do dia a dia. **Favorável para Lua e Vênus**.

15 Neste dia, seu desempenho profissional tende a se fortalecer; você sabe aonde quer chegar e como fazer isso acontecer. Não procrastine decisões; resolva de imediato aquilo que emperra seu êxito. **Favorável para Sol, Plutão e Urano**.

16 Você poderá vir a se encantar por alguém de forma muito intensa e quase mágica. No entanto, essa sensação não deve durar muito. Mesmo assim, aproveite o momento, pois imaginar e sonhar também fazem bem à alma. **Favorável para Netuno**.

17 Júpiter e Plutão recebem bons aspectos da Lua. Positivo para reencontrar familiares ou pessoas que querem o seu bem. Qualquer desentendimento anterior será dissipado. Planeje bem a semana que vai entrar. **Favorável para os demais planetas**.

18 Este momento de energia e confiança deve ser compartilhado com seus colegas de trabalho. Você irradia e atrai aquilo que está vibrando; suas palavras são encorajadoras e positivas. **Favorável para Júpiter e Sol**.

19 Contratempos de ordem doméstica podem alterar sua rotina, seja quanto aos estudos, seja no trabalho. Saiba adequar-se à situação com mais leveza e menos preocupação. Tudo será passageiro e circunstancial. **Favorável para Plutão e Lua**.

20 O Sol entra no signo de Gêmeos, que representa interação social e intelectual. Aproveite para ler, estudar ou pesquisar algum assunto de seu interesse. Informações diferenciadas o tornarão mais interessante. **Favorável para Lua e Urano**.

21 Suas relações de amizade e companheirismo estão favorecidas; momento oportuno para planejar uma viagem de lazer para algum lugar desconhecido, sair da rotina e dos horários cotidianos. **Favorável para Netuno e Lua**.

22 Hoje é dia de Lua Nova, ciclo em que Sol e Lua estão alinhados no céu. O momento é propício para a criação mental daquilo que deseja de melhor para sua vida. Não se disperse em demandas sem importância. **Favorável para Mercúrio e Vênus**.

23 Sol e Saturno estão em trígono em signos de Ar: Gêmeos e Aquário, respectivamente. Você pode assumir responsabilidades e levá-las até o fim com disciplina e perseverança. Desafios sempre aparecem, mas você estará apto para solucioná-los. **Favorável para Lua e Marte**.

24 Lua, Vênus e Mercúrio encontram-se em Gêmeos. Use sua versatilidade e curiosidade para desfrutar deste dia, que promete novidades e encontros agradáveis. A vida amorosa também está favorecida. **Favorável para os demais planetas**.

25 Urano e Marte estão em sextil e indicam um dia dinâmico, com direito a surpresas e encontros interessantes. As parcerias informais podem ter êxito e vão exigir de você mais capacidade de improvisação. **Favorável para Marte e Urano**.

26 No dia de hoje, a criatividade e a intuição ainda estão em alta. O contato com pessoas originais, mais desprendidas e espontâneas será estimulante para seu espírito; foque seus interesses no futuro. **Favorável para Lua e Plutão**.

27 Há um clima de falta de tolerância e intransigência que pedirá de você moderação e jogo de cintura. Os conflitos existem, mas podem ser dissolvidos com franqueza e boa vontade. Vale tentar. **Favorável para Saturno e Júpiter**.

28 Nada como um dia após o outro. Lua e Vênus em sextil criam um ambiente de mais diplomacia e bom humor para você rir das mazelas do cotidiano e das próprias contradições. Quem não as tem? **Favorável para Mercúrio**.

29 O dia é benéfico para trocar ideias; é provável que encontre pessoas esclarecidas, que oxigenem seu espírito com valores mais abrangentes. Ótimo para viagens rápidas e negócios de curto prazo. **Favorável para todos os planetas**.

30 Sua participação em atividades de natureza humanitária será bem-aceita; suas opiniões serão valorizadas. Evite o excesso de alimentos pesados ou bebidas alcoólicas. **Favorável para Netuno e Lua**.

31 Lua e Júpiter sinalizam um dia de mais relaxamento e otimismo. Afaste-se de situações negativas; evite notícias que o deixem desanimado. Encontros com familiares serão prazerosos. **Favorável para Mercúrio**.

Junho

1º A semana tem início com Lua, Sol e Vênus em harmonia no céu. Todas as formas de comunicação estão favoráveis; agora você poderá dirigir sua vida de maneira prazerosa. As atividades ao ar livre são muito recomendadas. **Favorável para todos os planetas**.

2 Hoje você poderá se sentir contrariado com imprevistos e atrasos em relação aos seus planos de trabalho. Faça aquilo que estiver ao seu alcance, sem se preocupar em achar os culpados por aquilo que não deu certo; logo tudo se resolverá. **Desfavorável para Lua, Júpiter e Saturno**.

3 A vida sentimental poderá passar por desafios e atribulações. Há um clima de indefinição e desentendimento que pede cautela em decisões definitivas. Espere as nuvens cinzentas se dissiparem. **Desfavorável para Vênus e Marte**.

4 Hoje ainda há vestígios de tensão ou divergências na vida a dois. Será importante levar em conta que ninguém muda o modo de pensar do

outro. É preciso buscar a boa vontade e a diplomacia. **Favorável para Lua e Plutão.**

5 Conflitos e preocupações ainda ocupam muito espaço em sua mente, alterando suas emoções. Procure olhar as coisas de outro ponto de vista, pois somente com certo distanciamento você vai tranquilizar seu coração. **Favorável para Mercúrio e Urano.**

6 Neste dia, o mais aconselhável é saber proteger-se de interferências negativas dos outros. Nem todos precisam saber o que você está fazendo. Troque ideias só com pessoas de sua confiança. **Desfavorável para Netuno e Marte.**

7 Sol em tensão com Marte pode apontar para um dia de mais impaciência ou ansiedade. Será interessante gastar sua energia física com esportes, caminhadas, andando de bicicleta – tudo que faça seu corpo se mexer. **Favorável para Lua e Urano.**

8 A Lua está em conjunção com Júpiter no céu. Agora é tempo de pacificar os ânimos e tentar medidas mais conciliadoras tanto no ambiente doméstico quanto no profissional. Bom para reencontrar pessoas de seu passado. **Desfavorável para Marte.**

9 Imprevistos com aparelhos eletrônicos podem atrapalhar sua rotina. Adie compromissos se achar conveniente, reorganizando a agenda sem maiores preocupações. O estresse é opcional, fique atento. **Desfavorável para Urano e Lua.**

10 A mudança de hábitos em seu cotidiano será bem oportuna e vai facilitar a organização doméstica. Momento de mais vitalidade e alegria de viver; procure sair e se divertir com amigos. **Favorável para Sol, Lua e Vênus.**

11 Dia benéfico para marcar consultas ou exames médicos que vem procrastinando há tempos. Atitudes preventivas são sempre mais produtivas e inteligentes. Fique atento à sua intuição. **Desfavorável para Netuno e Sol.**

12 Procure estabelecer uma forma de comunicação simples e objetiva com pessoas próximas. Isso não exige grande esforço, mas produzirá ótimos resultados, tornando a vida mais dinâmica. **Favorável para Lua e Mercúrio.**

13 Agora você está mais confiante e tem capacidade de visualizar um caminho mais claro e definido na vida profissional. Isso poderá neutralizar interferências ou adversidades que possam surgir. **Favorável para Netuno e Júpiter**.

14 A vida social está positivamente estimulada, e o convívio com pessoas queridas será alimento para sua alma. Tire um tempo para o lazer e atividades culturais, relaxando a mente das preocupações. **Favorável para Saturno e Vênus**.

15 O excesso de informações pode deixá-lo estressado ou dispersivo. Filtre-as, separando o que é realmente importante. Otimize seu tempo e bom humor; tente deixar para depois aquilo que pode ser adiado. **Desfavorável para Mercúrio**.

16 Júpiter e Lua estão em ângulo de tensão no céu. Esse aspecto pode sinalizar possíveis divergências de pontos de vista em assuntos relevantes para você. Siga em frente, evitando levar tudo para o lado pessoal. **Favorável para os demais planetas**.

17 Boas notícias deverão deixá-lo mais animado. Sua mente está ágil para assimilar novas informações, seja no contexto intelectual ou no profissional. Faça bom uso das redes sociais, caso seja necessário. **Favorável para Urano e Mercúrio**.

18 Hoje o dia é auspicioso para investimentos financeiros de longo prazo e sem grandes riscos. Não procrastine decisões importantes em sua vida doméstica. Os familiares vão precisar de seu apoio. **Favorável para Marte, Júpiter e Plutão**.

19 Marte em sextil com Plutão confere a este momento mais eficiência e produtividade. O excesso de responsabilidade é um desafio que você aceitará bem, uma vez que se sente forte e otimista. **Favorável para Vênus e Lua**.

20 Este dia também promete mais assertividade e realizações positivas. Você irradia entusiasmo, e essa energia volta para você. Excelente para tratar de assuntos jurídicos, como processos, audiências ou acordos. **Favorável para Marte e Júpiter**.

21 Momento oportuno para planejar uma viagem longa, na qual possa desfrutar de paisagens ou culturas diferentes. Sua alma está precisando

espairecer e, para isso, nada como alterar a rotina e a mesmice do cotidiano. **Favorável para todos os planetas.**

22 Lua e Mercúrio estão em bom aspecto com Netuno. Você pode estar mais sensível do que o habitual, com mais receptividade a assuntos espirituais ou místicos. Na vida familiar, tudo caminha em paz. **Favorável para Vênus.**

23 Hoje é possível tomar iniciativas acertadas e caminhar com mais coragem em direção aos ideais em sua carreira. Não descuide da saúde, que é o bem maior para tudo o que possa acontecer. Saia para namorar e se divertir. **Favorável para Lua, Marte e Vênus.**

24 Ao refletir sobre seus projetos imediatos, você poderá perceber que precisa se desapegar de alguns preconceitos muito arraigados. Confie em seus talentos e mostre suas convicções, pois não tem nada a perder. **Desfavorável para Urano.**

25 Vênus está em movimento direto no signo de Peixes. Isso impulsionará sua vida social e amorosa. Não negue convites para ver um show, uma peça de teatro, dançar ou conhecer pessoas diferentes. Vida é movimento. **Desfavorável para Mercúrio.**

26 Dedique-se com mais afinco aos novos projetos. O estímulo de pessoas amigas e o convívio com elas serão importantes em suas atividades intelectuais, como palestras, artigos ou monografias; faça o seu melhor. **Favorável para Mercúrio e Urano.**

27 Seu trabalho tende a se desenvolver muito, graças a seus esforços e dedicação. Os bons resultados são a prova de que tudo valeu a pena. Novas conquistas estão em seu caminho. **Desfavorável para Marte e Netuno.**

28 Momento propício para cuidar dos investimentos financeiros. Limite-se a gastos produtivos, e não àqueles por impulso. Lua e Vênus sinalizam um bom dia para ver pessoas queridas ou investir seu tempo em eventos artísticos. **Favorável para Marte.**

29 Agora você poderá assumir responsabilidades com mais segurança, pois sabe que está pronto para desafios maiores. Conselhos e sugestões de pessoas mais velhas devem ser acolhidos. **Favorável para Marte e Saturno.**

30 Você deve continuar firme em seus propósitos, reconhecendo que cada dia é uma etapa vencida. Saiba que sua capacidade em ser resiliente é fundamental para a colheita dos frutos no futuro. **Desfavorável para Urano e Lua**.

Julho

1º Neste momento, você deve investir mais em conhecimentos na área de tecnologia de modo geral. Dessa forma, estará mais atualizado e qualificado para seguir sua carreira, pois a competição é uma realidade. **Favorável para Sol e Urano**.

2 Sol, Mercúrio e Urano estão em harmonia no céu planetário. Esses planetas vibram positivamente para que mudanças e quebras de paradigma possam tornar sua visão de mundo mais livre e criativa. **Desfavorável para Lua e Netuno**.

3 Neste dia, é preciso ter cautela com contratos ou palavras, pois nem tudo poderá ser concretizado no prazo estabelecido. Evite fechar negócios de maneira precipitada ou fazer dívidas desnecessárias. **Desfavorável para Saturno e Mercúrio**.

4 A palavra tolerância deve ser a tônica de hoje. Não permita que contratempos ou alterações na agenda afetem seu humor. Saber rir das próprias mazelas também é sinal de inteligência. **Desfavorável para Marte e Lua**.

5 Hoje o dia é propício para mudar sua rotina, deixar-se levar por algum convite de última hora. Um encontro interessante e certa dose de improviso poderão dar sabor especial a este momento; aproveite. **Favorável para Urano e Lua**.

6 Júpiter e Plutão estão em conjunção no signo de Capricórnio. Esse aspecto não dura um só dia, mas ainda assim pode significar um ótimo ciclo de oportunidades para agilizar realizações no longo prazo. **Favorável para todos os planetas**.

7 Dizem que não há ventos favoráveis para aqueles que não sabem seu porto de destino. Mesmo em meio a dificuldades, mantenha seu eixo e a vontade para avançar, pois ela é uma bússola potente. **Desfavorável para Lua**.

8 O grande desafio deste dia é não reagir agressivamente a nenhuma provocação ou ironia. Às vezes, a melhor opção é respirar fundo, pois do contrário as consequências prolongarão o clima. **Desfavorável para Marte e Mercúrio**.

9 Hoje ainda permanece um clima de irritabilidade ou dispersão que deve ser contornado. Controle suas emoções, pois elas funcionarão como lente de aumento nas adversidades. **Desfavorável para Lua e Vênus**.

10 Dia benéfico para cuidar da saúde, organizar uma dieta mais rica e saudável em nutrientes, que exclua o excesso de carboidratos, tão apreciados no inverno. O corpo, mais leve, vai agradecer. **Favorável para Júpiter e Netuno**.

11 Neste momento, você poderá desfrutar do convívio com seus familiares, em especial os mais velhos e experientes. Assuntos domésticos, como consertos e reformas, devem ser bem planejados. **Favorável para Saturno e Lua**.

12 Sol e Netuno em harmonia sinalizam mais leveza de espírito e imaginação criativa. Ótimo para entender a existência de uma maneira mais pacífica ou filosófica de ser. Excelente para um bom banho de mar ou cachoeira. **Favorável para Mercúrio**.

13 O retorno à rotina de responsabilidades e horários pode ser maçante, e você não é o único a sentir isso. Procure fazer a diferença, levantar o astral e melhorar o clima que está à sua volta. **Desfavorável para Saturno**.

14 Sol e Júpiter estão em oposição e podem mostrar divergência de pontos de vista e unilateralidade em discussões improdutivas. Alguém terá de ceder para que haja mais harmonia e objetividade no trabalho. **Desfavorável para Mercúrio**.

15 Neste dia, muitos dissabores poderão ser bem equacionados ou dissipados. Os bons ventos da diplomacia e da boa vontade levarão para longe a animosidade do dia anterior. **Favorável para Netuno, Júpiter e Lua**.

16 Existem situações que podem ficar fora de seu controle no trabalho. Por isso mesmo, evite querer tomar atitudes que podem não funcionar como o esperado. Não se critique e espere o dia terminar. **Desfavorável para Sol e Plutão**.

17 Hoje você recebe estímulos e encorajamento dos colegas, o que será um alívio para as tensões do dia anterior. Poderá planejar boas parcerias; procure defini-las com discernimento e pragmatismo. **Favorável para Marte, Lua e Vênus**.

18 Júpiter em Capricórnio e Netuno em Peixes estão em aspecto harmonioso no céu planetário. Aproveite para ficar próximo à natureza, e receber sua energia revitalizante e curadora. **Favorável para os demais planetas**.

19 Hoje também há um clima favorável ao relaxamento; técnicas respiratórias ou meditativas serão muito bem assimiladas por seu corpo e sua mente. Desligue-se do celular e da televisão por algum tempo. **Favorável para Netuno e Mercúrio**.

20 Neste dia de Lua Nova é importante a conexão mais íntima e honesta com seus sentimentos mais profundos, caso haja alguma intranquilidade. Você se sente feliz com as escolhas que tem feito? **Desfavorável para Saturno e Plutão**.

21 Evite a autocrítica excessiva por não conseguir finalizar todos os seus compromissos. As demandas são maiores e nem tudo acontece sempre de acordo com sua vontade ou o ritmo dos eventos externos. **Desfavorável para Sol e Saturno**.

22 O Sol entra no signo de Fogo de Leão, aumentando a vitalidade e a alegria de viver. Agora você tem as rédeas da sua vida nas mãos para realizar coisas interessantes. Sua liderança será justa e saudável. **Favorável para Vênus e Lua**.

23 Boas notícias animam seu dia, trazendo inspiração para criar condições de trabalho mais criativas e produtivas. Sempre escute e confie na intuição. A vida sentimental pode apresentar boas surpresas. **Favorável para Urano e Mercúrio**.

24 Não tenha pressa em colher os frutos do trabalho já realizado. Tudo virá a seu tempo. No ambiente familiar, as coisas correm com mais tranquilidade; aproveite para receber amigos em casa. **Favorável para Júpiter e Lua**.

25 Hoje você terá mais energia para dar atenção aos assuntos do coração. Pode usar sua criatividade para tornar o dia mais prazeroso, dando asas à imaginação a fim de fazer algo surpreendente. **Favorável para Lua e Sol**.

26 O dia pode apresentar um clima de instabilidade ou confusão com ideias ou sentimentos. Não tome nenhuma decisão nem fique buscando culpados. No final do dia, tudo se esclarecerá. **Desfavorável para Marte e Lua**.

27 O clima na vida amorosa pode ficar sujeito a chuvas e trovoadas. Uma dose significativa de boa vontade e paciência será necessária para que os limites do bom senso não sejam ultrapassados. **Desfavorável para Vênus e Netuno.**

28 Pode haver um forte impulso para fazer gastos; fique atento para que não sejam inúteis nem comprometam demais seu orçamento. Você estará mais feliz e receptivo aos bons diálogos. **Favorável para Plutão, Lua e Júpiter**.

29 Excelente dia para estabelecer metas intelectuais e financeiras, mas que sejam acompanhadas de um bom planejamento estratégico. Não precisa ser nada grandioso, mas sim que tenha pragmatismo e continuidade. **Favorável para Sol e Saturno.**

30 O excesso de atividades e preocupações variadas frequentemente debilita o sistema imunológico. Lembre-se de que seu organismo pode estar pedindo mais repouso e silêncio, e por momentos de introspecção. **Desfavorável para Netuno.**

31 Netuno e Mercúrio encontram-se em ângulo de harmonia. Momento auspicioso para planejar uma viagem de lazer ou um retiro em um lugar bem tranquilo, sem muitas demandas nem estímulos externos. **Desfavorável para Júpiter e Vênus.**

Agosto

1º Por melhor que sejam suas intenções, é necessário ter cuidado ou parcimônia com as palavras. Seu interlocutor poderá interpretar de forma errônea aquilo que você quis comunicar. **Favorável para Plutão e Mercúrio.**

2 Imprevistos acontecem quando Sol e Urano encontram-se em ângulo difícil. Arrume tempo para cuidar dos aparelhos eletrônicos; salve arquivos digitais relevantes. O excesso de informações poderá esgotar sua capacidade mental. **Favorável para Júpiter e Netuno.**

3 Neste dia será importante não levar para o lado pessoal a tensão gerada por divergências de interesses. Certas discussões são inúteis, cabe a você perceber isso e evitar a perda de tempo com elas. **Favorável para Júpiter e Marte.**

4 Tenha em mente que o importante neste dia será ficar focado em seus interesses profissionais. Evite fazer julgamentos ou críticas que desqualifiquem seus colegas. A saída para hoje está na diplomacia. **Favorável para Mercúrio e Saturno.**

5 Marte no signo de Áries está em quadratura com Júpiter em Capricórnio. A teimosia e a intransigência podem conturbar o ambiente profissional. Será importante alguém recuar de sua posição; você decide. **Favorável para Mercúrio.**

6 Hoje o clima está mais ameno e amigável. A boa vontade e o bom senso são essenciais para que haja mais produtividade em seu trabalho. Mais alegria e cumplicidade na vida amorosa tornam tudo bem melhor. **Favorável para Lua e Júpiter.**

7 Vênus entra no signo de Câncer. É possível que você tenha mais vontade de cuidar ou embelezar sua casa, deixá-la mais aconchegante. O encontro com familiares de mais idade será bem interessante. **Favorável para Lua, Plutão e Saturno.**

8 Bom dia para estudos, leituras, fazer pesquisas, arrumar documentos, organizar a agenda de contatos. Mude sua rotina; vá a lugares diferentes dos habituais, como cinema, parques, restaurantes etc. **Favorável para Mercúrio e Lua.**

9 Neste momento, você talvez esteja mais desanimado, ou precisando se recuperar fisicamente. Aproveite para descansar, ler ou não fazer nada mesmo. Desligar a mente é uma ótima maneira de cuidar da saúde, acredite. **Favorável para Júpiter e Saturno.**

10 A atenção que você dá à família é muito importante para todos, sejam crianças ou pessoas de mais idade. Evite preocupar-se com as demandas de estudos ou trabalho. Não sofra por antecipação. **Favorável para Urano e Mercúrio.**

11 Dia excelente para cuidar do corpo, fazer exercícios ou receber uma boa massagem. Alimentos mais leves, associados a chás e sucos, farão um bom "detox" em seu organismo. **Favorável para Netuno e Lua.**

12 Bom dia para investimentos de longo prazo; você poderá assumir compromissos ou dívidas e honrá-los com mais segurança. Não deixe de ouvir os conselhos daqueles que são mais vividos e experientes. **Favorável para Saturno.**

13 É sempre importante contar com pessoas que entendam suas ideias ou sua filosofia de vida. Bom dia para mostrar seu talento e habilidades aos colegas de estudo ou trabalho, mas sem soberba. **Favorável para Mercúrio e Lua.**

14 Nem todos os seus sonhos poderão ser colocados em prática, mas mesmo assim não desista deles. Evite discussões e situações de confronto desnecessárias. Tome mais cuidado no trânsito, seja como pedestre ou motorista. **Favorável para Marte e Plutão.**

15 Um sentimento de insatisfação ou insegurança pode deixar seu coração aflito. Não cultive ressentimentos na vida a dois, expressando com mais clareza e honestidade aquilo que o está incomodando. **Favorável para Vênus.**

16 Hoje já é um dia mais tranquilo para tomar decisões e iniciativas que reverberem bem em seu trabalho e no âmbito familiar. De qualquer maneira, o mais importante será evitar a intransigência e respeitar a opinião alheia. **Favorável para Sol e Marte.**

17 Dia benéfico para exercer uma liderança produtiva, influenciando aqueles que o rodeiam. Momento de confiança e autoestima; conte com seus talentos latentes e terá uma boa surpresa. **Favorável para Marte.**

18 Sua capacidade de comunicação está em alta; você está mais assertivo e firme em suas convicções. Excelente para estudar, preparar uma aula, enriquecer seu repertório intelectual com novos assuntos. **Favorável para Sol e Mercúrio.**

19 Dia favorável para encontros amorosos e programas artísticos ou culturais que alegrem sua alma. Essas novidades prazerosas o deixarão mais inspirado e feliz para tocar o dia a dia. **Favorável para Vênus e Urano.**

20 Continue surfando na onda das novidades; não recuse convites para ampliar sua vida social, fazendo novos amigos. Sua mente está ávida por experiências inovadoras que representem mais liberdade. **Favorável para Urano, Júpiter e Plutão.**

21 Temos hoje vários planetas em signos de Terra no céu planetário, o que astrologicamente tem a ver com realizações, empreendedorismo e eficiência no trabalho; não economize energia. É tempo de ação. **Favorável para todos os planetas.**

22 Impasses de natureza afetiva deixarão o dia mais cinzento e sem graça. Tente não fazer muito drama nem exigir demais da pessoa amada; são os altos e baixos da vida a dois, nada mais. **Favorável para Júpiter e Vênus.**

23 Neste momento, pode haver uma atmosfera de conflitos e intrigas com pessoas próximas. Para fugir desse tipo de estresse, o mais aconselhável é não ceder às provocações, neutralizando-as com mais distanciamento. **Favorável para Saturno e Lua.**

24 Marte e Saturno estão em ângulo de tensão por alguns dias. Sendo assim, vale a frase: "Não coloque mais lenha na fogueira". Irritabilidade e impaciência serão o estopim para discussões intermináveis; vá com calma. **Favorável para Lua e Urano.**

25 O dia hoje tem o ritmo mais acelerado, e você não precisa perder tempo com detalhes sem importância no trabalho. Sua intuição aponta para caminhos interessantes; sempre que possível, mude a rotina. **Favorável para Mercúrio, Lua e Saturno.**

26 A tensão no convívio social fatalmente o levará a fazer uma autoanálise quanto a seus excessos de autoritarismo ou intransigência. Deixe de lado as brigas por competição ou vaidade. **Favorável para Saturno e Marte.**

27 Em meio a desafios cotidianos, o humor será um grande aliado para superar divergências e opiniões diferentes das suas. Será preciso ver tudo de um ângulo mais abrangente e impessoal. **Favorável para Lua e Marte.**

28 Agora a energia dos relacionamentos flui bem melhor; o clima mais ameno é um convite ao bem-estar e ao entendimento. É preciso cultivar a capacidade de ver o lado bom das pessoas. **Favorável para Vênus, Netuno, Sol e Lua.**

29 Mercúrio e Júpiter em harmonia produzem vibrações de esperança e boa vontade entre todos. A comunicação será mais positiva, e as ideias terão mais objetividade. Os valores éticos serão mais valorizados. **Favorável para todos os planetas.**

30 Neste momento, certa turbulência emocional poderá surgir; ressentimentos do passado reaparecerão sem aviso prévio. Todo cuidado é pouco com palavras ásperas, que podem ferir o próximo. **Favorável para Plutão e Vênus**.

31 Este é um dia em que as situações mostram-se confusas ou indefinidas, dando margem a mal-entendidos ou fofocas. Seja mais esperto; fuja delas, preservando a si mesmo de intrigas sem importância. **Favorável para Mercúrio e Netuno**.

Setembro

1º Este dia tende a ser produtivo; sua capacidade de comunicação está em alta, e você será capaz de influenciar positivamente seus colegas de trabalho; mostre seus talentos. **Favorável para Mercúrio e Plutão.**

2 Você está apto para tomar decisões que visem a renovação e a quebra de paradigmas ultrapassados. Não tenha receio de mostrar suas opiniões, de encorajar ou elogiar pessoas queridas. Quem não gosta disso? **Favorável para Urano e Sol**.

3 Mercúrio e Vênus estão em harmonia, favorecendo relacionamentos sociais ou amorosos. Nada de se esconder atrás do computador; é hora de sair para a vida, ver pessoas, trocar afeto e dar risadas. **Favorável para os demais planetas**.

4 Não permita que contrariedades domésticas atrapalhem seu lazer. Esqueça as preocupações do trabalho, dando-se o tempo necessário para mudar a paisagem do dia a dia, caminhar ou simplesmente relaxar. **Desfavorável para Marte e Vênus**.

5 O planeta Mercúrio está entrando no signo de Libra, associado a parcerias e relacionamentos. Será oportuno confiar seus segredos às pessoas que gostam de você. Boas sugestões podem ser bem proveitosas. **Desfavorável para Lua e Júpiter**.

6 Hoje Vênus entra no signo de Leão, do elemento Fogo. Mais uma vez, a vida vai chamá-lo para experiências de mais lazer e alegria, aumentando sua alegria e confiança na vida. **Favorável para Marte e Lua**.

7 Você bem que poderia se dar um presente, pois está merecendo. As atividades do cotidiano podem ser executadas de modo mais prazeroso e

criativo. Seu otimismo é sempre contagiante. **Favorável para Júpiter, Lua e Sol**.

8 Procure dar mais atenção à saúde, sem procrastinar tratamentos ou consultas já agendadas. O amor-próprio também passa pelos cuidados com o corpo e uma alimentação mais natural e rica em nutrientes. **Favorável para Lua, Saturno e Plutão**.

9 A vida social continua animada; excelente dia para ver coisas belas, eventos artísticos em geral. Um novo relacionamento amoroso pode surgir, pois você está mais receptivo ao poder do Cupido. **Favorável para Vênus e Mercúrio**.

10 Bom ciclo para pedir aumento ou promoção no trabalho. Os frutos do que plantou no passado devem estar chegando, e você fez por merecê-los. Faça planos para o futuro; sonhar não paga imposto. **Favorável para Sol e Júpiter**.

11 A Lua em Gêmeos torna o dia mais leve, e traz um espírito mais jovial e curioso, que deseja saber um pouco de tudo e todos. As demandas familiares são prazerosas e favorecem o contato com crianças, primos e irmãos. **Favorável para todos os planetas**.

12 Neste dia, sua mente pode estar mais suscetível a estados confusos ou nebulosos. Por isso mesmo, evite tomar decisões sem segurança. E, caso não se sinta muito disposto, não apele para a automedicação; procure um médico. **Desfavorável para Sol e Netuno**.

13 Caso surjam inquietações sem motivo aparente, procure refletir sobre elas. O que é desconhecido por vezes incomoda, mas tem sua razão de ser e pode ser revelado. Esteja atento aos seus sentimentos. **Desfavorável para Lua, Marte e Plutão**.

14 Vênus e Lua em Leão dinamizam seu dia; deixe de lado a timidez, e mostre ou fale de seus desejos e convicções sem hesitação. Ótimo dia para cuidar da beleza ou da saúde e comprar algo que vem desejando há tempos. **Favorável para Vênus e Lua**.

15 Em meio aos desafios cotidianos, uma força de superação inesperada pode emergir de forma intensa e deixá-lo surpreso. A maturidade e a sabedoria são uma construção preciosa ao longo da vida. **Favorável para Plutão, Marte e Sol**.

16 Urano e Vênus em tensão indicam divergências ou choques de opinião com a pessoa amada. Sempre é possível fazer uma crítica de maneira mais delicada ou diplomática; vale tentar. **Favorável para os demais planetas**.

17 Neste dia, talvez ainda não tenha sido possível hastear a bandeira branca da paz entre você e seu par amoroso. Tenha paciência e evite exigir do outro aquilo que ele não pode ser. **Desfavorável para Mercúrio, Júpiter e Netuno**.

18 Dia auspicioso para assumir responsabilidades no trabalho e realizá-las dentro do prazo. É bom atuar com eficiência e disciplina, sempre lembrando que a perseverança é a marca dos vencedores. **Favorável para Saturno, Sol e Vênus**.

19 Lua e Marte em oposição no céu podem gerar dificuldades por imposição de pontos de vista de maneira radical ou unilateral. O desafio para hoje consiste em ouvir e agir com estratégias mais flexíveis. **Desfavorável para Saturno e Plutão**.

20 Você deve estar com a sensação de dever cumprido, pois a semana foi deveras intensa. O ideal será quebrar a rotina, deixar os horários de lado e desfrutar da presença de bons amigos ou familiares, pois está merecendo. **Desfavorável para Urano**.

21 É preciso estar atento a palavras e avisos no ambiente de trabalho. Alguns "ruídos" na comunicação podem dificultar a qualidade ou a veracidade das informações. **Desfavorável para Mercúrio e Plutão**.

22 Hoje é o início da primavera, com a entrada do Sol no signo de Libra. Para um ciclo de renovação da natureza, nada melhor do que ficar perto das pessoas que você quer bem. Está valendo um almoço ou *happy hour*, por que não? **Favorável para todos os planetas**.

23 Agora é o momento ideal para fazer uma boa faxina em documentos sem utilidade, esvaziar armários, fazer doações do que não tem mais serventia. Essa atitude parece irrisória, mas fará uma bela limpeza energética, acredite. **Favorável para Lua e Marte**.

24 Evite reclamar e se vitimizar por conta de algo que está frustrando seus interesses. O mau humor não vai ajudar em nada. Pare e reflita: está conseguindo comunicar com clareza aquilo de que necessita? **Desfavorável para Mercúrio e Marte**.

25 Tome a atitude certa de ser sincero com alguém que lhe é importante, lembrando que ninguém muda a maneira de ser do outro. Sendo assim, lembre-se de elogiar e valorizar o que essa pessoa representa em sua vida. **Favorável para Lua e Júpiter**.

26 O excesso de informações tem efeito nocivo à saúde: estresse, cansaço, insônia e ansiedade. Procure se proteger mais de notícias sem importância. Aposte no contato humano e busque mais o contato com a natureza. **Desfavorável para Mercúrio**.

27 Hoje o dia também pede uma limpeza mental, que vai tornar tudo mais suave e prazeroso. Aproveite o momento presente para cuidar da casa, receber ou visitar amigos e contentar-se com aquilo que já conquistou. **Desfavorável para Urano e Lua**.

28 A semana tem início com um ângulo difícil entre Saturno e Marte. Será aconselhável não assumir mais responsabilidades e só finalizar aquilo que estiver em andamento. **Favorável para Mercúrio e Marte**.

29 Este é um dia em que a autocrítica pode ser sua inimiga; trate de deixá-la de lado e se valorizar. Na vida a dois, a atmosfera é de romance, então, mesmo que seja fogo de palha, aproveite. **Favorável para Marte e Vênus**.

30 As demandas de trabalho continuam intensas, e você deve manter um ritmo calmo e perseverante no trabalho ou nos estudos. Fique de olho em alimentos pesados que possam intoxicar seu organismo. **Desfavorável para Lua e Netuno**.

Outubro

1º As experiências mais árduas dos dias anteriores sinalizam um ciclo em que você desenvolveu sua resiliência e determinação. Agora você vai retornando aos seus afazeres com mais leveza e tranquilidade. **Desfavorável para Saturno e Marte**.

2 Vênus entra em Virgem, signo de Terra relacionado a discernimento e praticidade. Ponha em dia suas tarefas caseiras, pois assim vai ganhar mais tempo e liberdade para se aventurar em outras atividades menos rotineiras. **Desfavorável para Lua e Mercúrio**.

3 Certo cansaço ou falta de energia devem ser respeitados, uma vez que o nível de vitalidade não é sempre o mesmo. Assim sendo, finalize o que está pela metade em seu trabalho ou estudos, sem muita autocrítica. **Desfavorável para Saturno.**

4 No céu de hoje temos Mercúrio em sextil com Netuno, e durante os próximos dias você poderá sentir mais segurança e tranquilidade em suas decisões. Muitas vezes, as soluções esperadas chegam naturalmente e sem muito esforço. **Favorável para todos os planetas.**

5 Na correria do cotidiano, não raro ficam de lado as pequenas gentilezas que poderíamos fazer pelas pessoas queridas. São gestos simples que modificam a energia do ambiente, seja familiar ou profissional. **Favorável para Lua, Saturno e Mercúrio.**

6 A Lua está entrando no signo de Gêmeos, favorecendo sua interação nas redes sociais; os diálogos serão enriquecedores para seu repertório intelectual. Bom para negócios rápidos, mas evite a urgência de resultados. **Desfavorável para Vênus.**

7 A mente mais acelerada pode causar uma espécie de euforia que, aos poucos, se transformará em ansiedade. Assim, será interessante controlar a dispersão, focando naquilo que é de fato importante. **Favorável para Sol e Lua.**

8 Hoje é necessário dar uma freada na impetuosidade das palavras; não queira acelerar o ritmo dos outros. Evite discussões sem objetivo e tomar partido de situações ou pessoas confusas. **Desfavorável para Mercúrio e Urano.**

9 Procure não querer controlar os acontecimentos que não dependem de suas iniciativas. A preocupação excessiva não será uma boa conselheira, ao contrário da diplomacia e da paciência. **Desfavorável para Marte e Plutão.**

10 É possível que haja atrasos de resposta no ambiente de trabalho. Delegue responsabilidades acumuladas para contornar problemas de prazos. Com perseverança, tudo vai se resolver. **Desfavorável para Lua e Saturno.**

11 Este dia é auspicioso para encontros sociais prazerosos, com pessoas diferentes e originais. Você pode desfrutar da sensação de liberdade por ser

exatamente como é, mesmo que não agrade a todos. **Favorável para Urano e Vênus.**

12 Os ventos hoje são favoráveis para que coloque seu barco, o leme e a bússola na direção desejada. Você poderá contar com o apoio de pessoas empreendedoras, que vão encorajá-lo em sua nova aventura. **Favorável para Marte e Lua.**

13 Netuno e Mercúrio formam um ângulo harmonioso no céu. Ambos estão relacionados a fé, misticismo e filosofia. Todos esses temas podem ter destaque neste dia, promovendo seu bem-estar. **Favorável para Urano e Lua.**

14 O planeta Mercúrio encontra-se em movimento retrógrado em Escorpião. Dia positivo para refletir sobre seus anseios e o grau de realização em sua vida pessoal; porém, guarde todas essas reflexões para você. **Favorável para Lua, Mercúrio e Saturno.**

15 Neste dia, você poderá vivenciar situações difíceis com pessoas de autoridade e sentir-se subjugado pelo poder que elas têm. Será melhor contornar os problemas com diplomacia e tolerância. **Desfavorável para Sol e Plutão.**

16 Um sentimento de impotência pode persistir neste dia. No entanto, não assuma responsabilidades por aquilo que não fez. O tempo resolverá as contradições e os conflitos deste momento. **Desfavorável para Saturno.**

17 O dia astral pede cautela e bom senso nos julgamentos. A impaciência, palavras ou atitudes extremadas podem piorar o clima de discórdia. Opte pelo silêncio e pela tranquilidade. **Desfavorável para Mercúrio e Marte.**

18 Permanece um clima de tensão e indefinição no trabalho ou na vida pessoal. Por isso, não tome decisões definitivas, especialmente se estiverem relacionadas à sua vida amorosa. Vá com calma. **Desfavorável para Vênus, Netuno, Sol e Saturno.**

19 Hoje há um clima mais propício para o entendimento, pois a boa vontade e a cordialidade estão presentes em seu cotidiano. É importante saber perdoar e lembrar que somos todos imperfeitos. **Favorável para Vênus e Mercúrio.**

20 Mantenha-se firme em seus propósitos de boa vizinhança com todos; seu bem-estar é mais relevante do que opiniões divergentes. Mesmo que seja

provocado, não compre brigas – não vale a pena. **Desfavorável para Mercúrio, Urano e Netuno**.

21 Sol e Lua em sextil sinalizam um bom dia para planejar bem suas tarefas e executá-las com êxito. Não abandone seus exercícios físicos ou esportes; a saúde é o bem maior da vida. **Favorável para todos os planetas**.

22 É chegada a hora. Use e abuse de seu charme caso queira conquistar alguém; sua autoconfiança está em alta. A desculpa esfarrapada de falta de tempo não vai funcionar. **Favorável para Vênus, Plutão e Mercúrio**.

23 Nada como um dia após o outro. Pés no chão, trabalho pela frente, e a rotina segue seu curso. Você está mais produtivo, rápido, e suas decisões influenciam os demais positivamente. **Favorável para todos os planetas**.

24 Neste dia, você pode querer estreitar laços amorosos com alguém importante, assumindo assim um compromisso mais sério. Os conselhos de pessoas mais experientes e sábias serão valiosos. **Favorável para Vênus, Saturno, Lua e Marte**.

25 Bom momento para o convívio doméstico e receber familiares em sua casa. A troca de afeto ou ideias interessantes será um alimento essencial para sua alma. Boas notícias podem chegar. **Favorável para Sol, Mercúrio e Saturno**.

26 Momento de mais cumplicidade e segurança nas relações pessoais; será prazeroso estar com amigos aos quais você confia seus segredos. Dia benéfico para planejar uma viagem de lazer com amigos. **Favorável para Mercúrio, Sol e Lua**.

27 No trabalho, tudo caminha com tranquilidade, e as contrariedades do passado já não o incomodam mais. Isso é sinal de conquista de maturidade e inteligência emocional. **Favorável para Lua, Mercúrio, Netuno e Plutão**.

28 As várias responsabilidades profissionais podem afetar a dinâmica doméstica. Mesmo assim, ache mais tempo para ficar com seus familiares; desligue o celular e o computador, e procure relaxar. **Desfavorável para Lua e Vênus**.

29 A Lua está em Áries em conjunção com Marte. Há certa tendência a tomar decisões de maneira impulsiva ou reativa. Isso pode ter consequências imprevisíveis; veja bem aonde pretende chegar. **Favorável para os demais planetas**.

30 Não se deixe levar por propostas e investimentos financeiros de risco. Existe a possibilidade de perder dinheiro, ainda que a oferta seja tentadora. Ponha os pés no chão e não se precipite. **Desfavorável para Mercúrio e Plutão.**

31 Hoje é dia de Lua Cheia. Bom para o encontro com pessoas queridas, troca de ideias e experiências; mas evite assuntos espinhosos, como religião ou política. A calmaria pode se transformar em tempestade. **Desfavorável para Sol e Urano.**

Novembro

1º O contato com a natureza será muito revitalizante; ache tempo para caminhar, correr, nadar ou andar de bicicleta – vale tudo pelo seu bem-estar. Opte ainda por uma alimentação mais leve e saudável. **Favorável para Mercúrio, Netuno e Plutão.**

2 Agora você está mais seguro de seus talentos e pode colocá-los em prática com mais objetividade e eficiência. Não subestime a capacidade dos colegas; procure criar com eles um espírito de equipe mais sólido. **Favorável para Lua e Saturno.**

3 Agora Mercúrio retoma seu movimento direto já no final do signo de Libra. Você pode retomar contatos relevantes, remarcar algum compromisso e ter boas notícias que o deixarão animado. **Favorável para Lua e Vênus.**

4 Caso precise divulgar seu trabalho, esta é a hora certa para se expor mais. As redes sociais são um bom veículo para esse objetivo. Embora os resultados possam não ser tão rápidos, não se preocupe com isso. **Favorável para todos os planetas.**

5 Nem sempre é possível agradar a todos, por isso deixe a autocrítica de lado. Reflita mais naquilo que já conquistou, alimentando o sentimento de amor-próprio e confiança pessoal. **Desfavorável para Mercúrio e Saturno.**

6 Mercúrio e Saturno em ângulo difícil podem dificultar negócios ou retardar pagamentos importantes. Por ora, não assuma grandes compromissos e tenha paciência com as situações deste dia. **Desfavorável para Marte e Mercúrio.**

7 Hoje ainda persistem as dificuldades com a comunicação ou compromissos adiados. O ritmo da vida se desacelera, e isso pode frustrar suas expectativas. Tenha em mente que logo tudo passará. **Desfavorável para Lua e Mercúrio.**

8 Nada como um dia após o outro. As nuvens cinzentas já se dissiparam, e é possível respirar de forma mais aliviada. Aproveite para investir na vida social e cultural, ver coisas belas para dar um fôlego à sua alma. **Favorável para Vênus.**

9 As notícias positivas que esperava já estão para chegar, e isso o fará recuperar seu ânimo e também ter novas ideias para estudos e pesquisas. A flexibilidade de espírito torna a vida mais interessante. **Favorável para Lua e Mercúrio.**

10 Um conflito na vida amorosa pode baixar sua autoestima. Qualquer que seja a forma de revide, não trará bons resultados. O momento pede compreensão e mais capacidade de se colocar no lugar dos outros. **Favorável para Sol e Netuno.**

11 É justamente no rodamoinho da vida que os desafios vão se resolvendo. A preocupação excessiva só faz aumentá-los. Mantenha o ritmo e faça tudo o que estiver a seu alcance. **Favorável para Lua, Mercúrio, Saturno e Plutão.**

12 Uma recaída de ressentimento ou desconfiança pode minar sua vida amorosa. Uma conversa clara e objetiva é melhor solução do que a raiva. O amor, assim como a rosa, tem lá seus espinhos. **Desfavorável para Marte.**

13 Neste dia, você poderá ter uma baixa de energia vital; o melhor a fazer é desligar o celular e relaxar. O sono é sempre reparador; não despreze seu descanso. A introspecção agora é bem-vinda. **Desfavorável para Saturno e Lua.**

14 Mercúrio junto a Plutão em Capricórnio pode sinalizar um momento auspicioso para fazer investimentos no longo prazo. Certifique-se de que poderá honrar esse compromisso e vá em frente. **Favorável para os demais planetas.**

15 Neste dia de Lua Nova, você vai recuperar sua energia psíquica e emocional se mantiver contato com seus sentimentos ou pessoas próximas. Um bom filme ou uma boa leitura podem ser bastante prazerosos. **Favorável para Saturno.**

16 Situações confusas ou indefinidas tendem a atrapalhar sua rotina ou horários. Será passageiro, portanto, não se preocupe. Hoje você está mais assertivo e focado em seus objetivos. **Favorável para Marte e Lua**.

17 Nem sempre aquilo que você diz é entendido da maneira correta. Explique com mais clareza aquilo que está precisando, sem dar margem a equívocos ou decepções momentâneas. **Desfavorável para Urano e Mercúrio**.

18 Uma mente pacífica e compassiva sempre reverbera positivamente em qualquer lugar ou situação. Acredite em seu bom senso para avaliar ou decidir coisas que sejam significativas para todos. **Favorável para Mercúrio e Saturno**.

19 Quem não gosta de um elogio? Lembre-se mais de valorizar as pessoas próximas, pois isso gera uma energia de colaboração valiosa em seu cotidiano – além do mais, não tem custo nenhum. **Favorável para Sol e Lua**.

20 Hoje será preciso mais parcimônia com as palavras que são ditas em momentos de mau humor e causam ressentimentos. Procure relaxar, ver seus amigos e se divertir mais. **Desfavorável para Urano e Lua**.

21 O Sol vai adentrando o signo de Sagitário, estimulando a vida intelectual e mesmo espiritual. Interessante para desenvolver seu repertório de conhecimentos, ver palestras, ler, escrever e compartilhar seus saberes com pessoas de todo tipo. **Favorável para Marte e Vênus**.

22 A vida familiar vive um dia de clima tranquilo, sem confusões nem intrigas. Programe algo inusitado para seu lazer na companhia de crianças, que sempre estimulam a espontaneidade e a leveza do coração. **Favorável para Urano**.

23 Hoje a comunicação flui de maneira mais natural; trate de levar suas sugestões e propostas para os colegas de trabalho. Também preste mais atenção aos seus sonhos e intuições, que sempre têm algo a dizer. **Favorável para Netuno**.

24 O interesse por temas filosóficos ou místicos o deixará motivado e inspirado em seu dia a dia. Deixe seu lado mais criativo e sonhador vir à tona. Excelente momento para ir a eventos artísticos musicais. **Favorável para Mercúrio e Netuno**.

25 Este também é um dia benéfico para aprofundar seu autoconhecimento, ver com mais clareza alguns pontos obscuros que gostaria de modificar. Invista em eventos ligados a artes visuais, como fotografia e cinema. **Favorável para todos os planetas.**

26 Marte e Lua estão juntos no céu, sinalizando um dia de mais movimento e assertividade em suas ações. Será mais positivo se não só reagir às situações, mas propor soluções criativas, caso sejam necessárias. **Favorável para os demais planetas.**

27 Mercúrio e Plutão sugerem um dia em que você terá mais poder na forma de se comunicar e de influenciar o pensamento alheio. Positivo para planejar melhor seus interesses que se concretizarão a médio prazo. **Desfavorável para Urano e Vênus.**

28 O ritmo da vida se acelera; você está com a mente muito ágil, aberta a todo tipo de informação e novidades. Recursos tecnológicos dinamizam seu trabalho, seus estudos e as relações em geral. **Favorável para Urano, Sol e Mercúrio.**

29 Momento favorável para cuidar de seus recursos materiais, investindo com mais segurança em resultados de longo prazo. O aconselhamento por parte de pessoas mais velhas ou experientes será muito relevante. **Favorável para Saturno e Plutão.**

30 Hoje temos no céu um sextil entre Mercúrio e Saturno. Momento ideal para assimilar e memorizar informações, fazer provas, pesquisas ou relatórios que sejam necessários a seu desenvolvimento intelectual. **Favorável para os demais planetas.**

Dezembro

1º Saturno em sextil com Mercúrio possibilita a você maior capacidade de trocas com seu ambiente, e essas conexões aperfeiçoarão seu desempenho no trabalho. Certamente você poderá agir com base em experiências anteriores. **Favorável para os demais planetas.**

2 Sua afetividade está mais evidente, e isso facilita seus relacionamentos de modo geral. Você poderá atender bem as demandas familiares ou planejar uma reforma para sua moradia. **Favorável para Urano e Lua.**

3 Hoje você poderá exercitar sua empatia com pessoas que necessitam de ajuda. As atividades sociais podem tomar boa parte do seu tempo, mas a

satisfação pessoal virá na mesma proporção de seu empenho. **Favorável para Netuno e Lua**.

4 É preciso saber respeitar os limites do corpo e da mente. Caso se sinta sem energia, procure descansar e dormir melhor. Se necessário, delegue responsabilidades a alguém de sua confiança no trabalho. **Desfavorável para Saturno e Plutão**.

5 A Lua está em Leão em bom aspecto com Sol e Marte. Seu bem-estar físico já retornou, e com baterias recarregadas. Desta forma, o dia é propício e prazeroso também para atividades físicas em geral. **Favorável para os demais planetas**.

6 O céu planetário de hoje é benéfico para o contato com coisas belas e agradáveis, estejam elas na natureza ou em eventos artísticos em geral. Cuide bem do corpo, saia mais ou se dê um presente merecido. **Favorável para Netuno e Vênus**.

7 Ao que parece, sua autoestima está em alta, e você se sente merecedor de coisas boas; aceite elogios sem parcimônia. Sua rotina poderá se alterar com um convite inesperado; aproveite bem. **Favorável para Urano**.

8 O reencontro com pessoas do passado trará boas lembranças e mexerá com suas emoções de maneira positiva. Parcerias ou associações informais serão estimulantes e bem-vindas. **Favorável para Mercúrio, Saturno e Lua**.

9 Agora você pode estar fisicamente mais sensível ou suscetível a um mal-estar, cansaço ou indisposição alimentar. Fique atento, evitando alimentos mais pesados e descansando. **Desfavorável para Sol e Netuno**.

10 Continue atento aos excessos no dia de hoje também. No trabalho, pode haver um clima de intriga ou confusão. Seja mais objetivo e criterioso, sem se deixar levar pelo diz que diz. **Favorável para Sol, Marte, Vênus e Plutão**.

11 Você poderá enfrentar desafios com uma postura mais confiante e independente. Essa atitude abrirá caminhos para que possa crescer e desenvolver seus talentos. Siga em frente sem receios. **Favorável para Marte**.

12 Neste momento, você é capaz de liderar seus colegas ou amigos, expondo suas ideias e sugestões com muita lucidez. Com uma visão mais ampla de novas possibilidades, não deixe de confiar em sua intuição ou pressentimentos. **Favorável para todos os planetas**.

13 Neste dia, podem surgir boas oportunidades para resolver assuntos patrimoniais com êxito. O aconselhamento de pessoas experientes do setor jurídico será fundamental para que tudo corra bem. **Favorável para Mercúrio, Saturno e Lua.**

14 Notícias desencontradas podem deixar seu dia um pouco confuso; não tome nenhuma decisão até a poeira baixar. Que tal planejar seu final de ano com uma viagem diferente da habitual? **Favorável para Mercúrio e Lua.**

15 Clima favorável para a vida a dois; deixe-se levar por uma atmosfera de sedução e cumplicidade. Exerça seu romantismo como e quanto puder, sem medo de ser feliz. **Favorável para Lua e Mercúrio.**

16 Vênus entra no signo de Sagitário, aumentando seu desejo de viajar, expandir os horizontes intelectuais e sair da mesmice. Projetos ousados nunca fizeram mal a ninguém; mexa-se. **Favorável para Vênus, Saturno e Mercúrio.**

17 Sol, Mercúrio, Vênus e Marte estão em signos de Fogo no céu. Esse alinhamento sinaliza um momento de mais entusiasmo por novos desafios, a necessidade de superar limites. Justiça, ética e verdade são valores relevantes neste dia. **Favorável para Vênus, Mercúrio e Lua.**

18 Dia de mais empenho e determinação por meio de ações mais diretas e afirmativas. Você exercerá uma liderança espontânea e assim acabará por cativar e impulsionar o próximo a praticar boas ações. **Favorável para Lua e Marte.**

19 Saturno e Mercúrio vão entrando no signo de Aquário, do elemento Ar, que simboliza a doação do conhecimento, a visão do amanhã e a fraternidade humana. Positivo para se engajar em projetos culturais e humanitários. **Favorável para todos os planetas.**

20 Seu intelecto está bastante aguçado; muitos interesses, ideias e intuições borbulham em seu espírito. Excelente para trocar experiências com pessoas originais e diferentes que estejam na mesma sintonia. **Favorável para Sol, Mercúrio e Urano.**

21 A Lua encontra-se no signo de Peixes ao lado de Netuno, sugerindo um período de muita sensibilidade psíquica e imaginação criativa Assuntos místicos ou espirituais podem preencher seu espírito com intensidade. **Favorável para Netuno e Plutão.**

22 Sol e Mercúrio estão juntos em Capricórnio, podendo expressar muita energia de ação direcionada ao plano da matéria, bastante trabalho e responsabilidades pela frente. Organize suas estratégias para chegar aonde deseja. **Favorável para Vênus, Mercúrio e Saturno.**

23 O planeta Marte está pressionado no céu por Plutão, e esse aspecto exige cuidado com reações explosivas ou impensadas. É tempo de ter autocontrole, medir as palavras e respirar fundo diante de contrariedades. **Desfavorável para Lua e Plutão.**

24 Hoje é possível que um conflito o incomode, mas você já tem as rédeas dos acontecimentos nas mãos. Discernimento e pragmatismo devem ser aliados para soluções mais adequadas. **Favorável para Sol e Mercúrio.**

25 Urano e Mercúrio em ângulo harmônico apontam para agilidade mental e presença de espírito, bem como inteligência para achar soluções rápidas. A tecnologia poderá ajudar as demandas do cotidiano. **Favorável para todos os planetas.**

26 Hoje você poderá se surpreender com talentos e recursos desconhecidos que possui. Eles agora estão disponíveis à sua consciência e facilitarão decisões relevantes para o momento. **Favorável para Lua, Netuno e Plutão.**

27 Dia auspicioso para alterar sua rotina, aceitar um convite diferente para um dia especial. De vez em quando é preciso apostar no inusitado. Novidades trazem mais leveza de espírito. **Favorável para Urano e Sol.**

28 Nada de deixar-se contaminar por intrigas e fofocas no trabalho. Não passe recibo para mau humor alheio nem leve palavras ríspidas para o lado pessoal; tudo é passageiro. **Desfavorável para Vênus e Netuno.**

29 Podem surgir soluções criativas para que os problemas do dia anterior não se repitam. Hoje você terá estímulos positivos bem como reconhecimento pelo esforço que fez recentemente. **Favorável para Marte e Urano.**

30 Hoje temos a fase da Lua Cheia, com Sol em Capricórnio e Lua em Câncer. O convívio familiar está pacífico, e as relações são mais intensas e agradáveis. Desfrute da segurança ou do conforto de sua casa. **Favorável para todos os planetas.**

31 Neste dia, temos Lua e Marte em tensão no céu, o que sinaliza momentos de impaciência e pressa que podem causar pequenos incidentes. Na rua ou no trânsito, tome mais cuidado, seja como motorista ou pedestre. **Desfavorável para Plutão e Marte.**

Fenômenos naturais

COMEÇO DAS ESTAÇÕES

Estações	Data do início	Horário
Outono	20/03	0h51
Inverno	20/06	18h45
Primavera	22/09	10h32
Verão	21/12	7h03

ECLIPSES

Data	Hora	Astro	Tipo	Grau	Magnitude
10/01	16h22	Lua	Anular	20°0' de Câncer	0'895
5/06	16h14	Lua	Anular	15°34' de Sagitário	0'568
21/06	3h43	Sol	Anular	0°21' de Câncer	0'38
5/07	1h46	Lua	Anular	13°38' de Capricórnio	0'354
14/12	13h18	Sol	Total	23°8' de Sagitário	2'10

FASES DA LUA 2020

Janeiro				Fevereiro			
Dia	Fase	Horário	Grau	Dia	Fase	Horário	Grau
3	Crescente	1h47	12°15' de Áries	1º	Crescente	22h43	12°40' de Touro
10	Cheia	16h22	20°0' de Câncer	9	Cheia	4h34	20°00' de Leão
17	Minguante	10h00	26°52' de Libra	15	Minguante	19h18	26°41' de Escorpião
24	Nova	18h43	4°22' de Aquário	23	Nova	12h33	4°29' de Peixes

Março				Abril			
Dia	Fase	Horário	Grau	Dia	Fase	Horário	Grau
2	Crescente	16h59	12°42' de Gêmeos	1º	Crescente	7h22	12°09' de Câncer
9	Cheia	14h49	19°37' de Virgem	7	Cheia	23h36	18°44' de Libra
16	Minguante	6h35	26°16' de Sagitário	14	Minguante	19h57	25°27 de Capricórnio
24	Nova	6h29	4°12' de Áries	22	Nova	23h27	3°24' de Touro
				30	Crescente	17h39	10°57' de Leão

Maio				Junho			
Dia	Fase	Horário	Grau	Dia	Fase	Horário	Grau
7	Cheia	7h46	17°20' de Escorpião	5	Cheia	16h14	15°34' de Sagitário
14	Minguante	11h04	24°14' de Aquário	13	Minguante	3h25	22°42' de Peixes
22	Nova	14h40	2°05' de Gêmeos	21	Nova	3h43	0°21' de Câncer
30	Crescente	0h31	9°12' de Virgem	28	Crescente	5h17	7°06' de Libra

Julho				Agosto			
Dia	Fase	Horário	Grau	Dia	Fase	Horário	Grau
5	Cheia	1h46	13°38' de Capricórnio	3	Cheia	13h00	11°46' de Aquário
12	Minguante	20h30	21°3' de Áries	11	Minguante	13h46	19°28' de Touro
20	Nova	14h34	28°27' de Câncer	18	Nova	23h43	26°35' de Leão
27	Crescente	9h34	4°56' de Escorpião	25	Crescente	14h59	2°59' de Sagitário

Setembro				Outubro			
Dia	Fase	Horário	Grau	Dia	Fase	Horário	Grau
2	Cheia	2h23	10°12' de Peixes	1º	Cheia	18h06	9°08' de Capricórnio
10	Minguante	6h27	18°8' de Gêmeos	9	Minguante	21h41	17°10' de Câncer
17	Nova	8h01	25°1' de Virgem	16	Nova	16h32	23°53' de Libra
23	Crescente	22h56	1°29' de Capricórnio	23	Crescente	10h24	0° 36' de Aquário
				31	Cheia	11h50	8°38' Touro

Novembro				Dezembro			
Dia	Fase	Horário	Grau	Dia	Fase	Horário	Grau
8	Minguante	10h47	16°37' de Leão	7	Minguante	21h38	16°22' de Virgem
15	Nova	2h08	23°18' de Escorpião	14	Nova	13h18	23°8' de Sagitário
22	Crescente	1h46	0°20' de Peixes	21	Crescente	20h42	0°35' de Áries
30	Cheia	6h31	8°38' de Gêmeos	30	Cheia	0h29	8°53' de Câncer

Tudo o que você precisa saber sobre a Lua em 2020

Nosso corpo é composto por 70% de água. Da mesma forma que a Lua rege as marés, ela também influencia os fluidos de nosso corpo, evidenciando as necessidades emocionais dos indivíduos.

O Sol e a Lua equivalem-se em importância na resolução do destino humano: o Sol influencia a vida prática, e a Lua controla as emoções. O signo lunar mescla-se ao signo solar, ambos atuando em conjunto.

A Lua é um satélite da Terra e, por isso, é mutável. Logo, para tirarmos o melhor proveito do signo lunar, devemos analisar tanto seus aspectos positivos quanto negativos, a fim de aprender a balancear o emocional e o racional. Devemos nos submeter aos ritmos e fases da Lua, bem como aos respectivos signos, para não perdermos nenhuma oportunidade e sabermos agir no momento certo.

- **LUA EM ÁRIES:** A Lua em Áries lhe dará mais entusiasmo e também mais ansiedade, podendo eventualmente acarretar episódios de extrema franqueza. Tome muito cuidado nas relações profissionais e pessoais e, se houver algum dilema, saiba que ele será resolvido em breve. Recorra à intuição. Não se esqueça de ingerir bastante líquido.
- **LUA EM TOURO:** Assim que a Lua passar por Touro, você deve manter o foco e os pés firmes no chão, pois esta é a Lua da introspecção. Você se sentirá impelido a realizar seus projetos antes abandonados; porém, invista em situações que prometam resultados práticos. A Lua em Touro sempre é favorável a novos romances.
- **LUA EM GÊMEOS:** Quando a Lua entrar em Gêmeos, você se sentirá sociável, comunicativo e indeciso; cuidado com as bruscas oscilações de humor. Não perca a oportunidade de dar um salto na vida profissional. Neste período, você se sentirá mais curioso e apto a enxergar todo problema que aparecer de modo panorâmico.
- **LUA EM CÂNCER:** Favorável a relacionamentos familiares e amizades antigas. Você terá necessidade de demonstrar seus sentimentos e emoções. Não se entregue a pensamentos negativos e busque o equilíbrio emocional. Convém manter uma alimentação saudável e praticar atividades físicas.

- **LUA EM LEÃO:** Teoricamente, esta é a Lua do egocentrismo e dos exageros. Favorável para investir em si mesmo, nos estudos, nos esportes, em viagens etc., mas fique atento a seus gastos! Embora seja boa para o romance, nada impede que você desfrute a companhia de bons amigos e colegas. Não exagere nos doces.
- **LUA EM VIRGEM:** Boa para revisar seu conceito de acumular coisas – abra mão daquilo que realmente não lhe faz falta. Excelente momento para cumprir com suas obrigações e resolver pendências. Planeje e invista nos estudos e no trabalho. Mantenha a perseverança, pois tudo ocorre no tempo certo.
- **LUA EM LIBRA:** Nesse período, você se sentirá mais harmonioso. Lua propícia aos relacionamentos, pois você estará extremamente sensível e avesso a desarmonias. Período muito favorável a causas sociais e justas. Mantenha o equilíbrio financeiro e não desperdice as oportunidades que vão surgir, tanto no campo amoroso quanto no profissional.
- **LUA EM ESCORPIÃO:** Tendência ao ciúme, à possessividade e à desconfiança. Não aja por impulso; ouça sua intuição. Neste período, tudo tenderá ao exagero no quesito sentimento, ou seja, tudo será sentido em grau máximo. Não viva do passado e enxergue as coisas como são realmente.
- **LUA EM SAGITÁRIO:** Se não sabe qual caminho escolher, toda estrada será um caminho. A tendência é que tudo dê certo, seja no âmbito profissional ou emocional. Evite ser perdulário e soberbo, e também qualquer ato de fanatismo. Lua favorável a viagens e mudanças.
- **LUA EM CAPRICÓRNIO:** Período voltado ao trabalho e à cobrança em torno de si mesmo. Introduza mais disciplina e perseverança à rotina diária. Seja paciente e convicto de seus propósitos que, no tempo certo, colherá os frutos. Conte com o bom senso de outras pessoas e confie em sua inata capacidade de avaliar situações adversas.
- **LUA EM AQUÁRIO:** Favorável à amizade e ao trabalho em equipe; você se sentirá impelido a resolver questões humanitárias. Mantenha-se autêntico, quebre paradigmas. O momento também é bom para romances e estudos. Pratique alguma atividade física e modere sua alimentação.
- **LUA EM PEIXES:** Bom período para processos de interiorização, pois você estará mais sensível. Tendência à espiritualização e sensibilidade ao ambiente. Favorável também à sensualização nos romances. Não abuse do álcool.

Tabela das Luas Fora de Curso

Último Aspecto		Entrada da Lua num Novo Signo		
Dia	**Hora**	**Dia**	**Signo**	**Hora**
		Janeiro de 2020		
1º	23h15	2	Áries	1h02
3	22h19	4	Touro	13h16
6	9h09	6	Gêmeos	23h12
8	19h17	9	Câncer	5h44
10	20h59	11	Leão	9h17
13	10h43	13	Virgem	11h08
15	9h13	15	Libra	12h44
17	10h00	17	Escorpião	15h22
19	18h23	19	Sagitário	19h42
21	1h47	22	Capricórnio	2h01
23	23h10	24	Aquário	10h22
25	16h08	26	Peixes	20h45
28	22h10	29	Áries	8h52
31	12h11	31	Touro	21h29

		Fevereiro de 2020		
3	8h29	3	Gêmeos	8h30
5	11h21	5	Câncer	16h04
7	12h44	7	Leão	19h46
9	13h10	9	Virgem	20h40
11	15h27	11	Libra	20h38
13	18h41	13	Escorpião	21h39
15	19h21	16	Sagitário	1h08
18	6h04	18	Capricórnio	7h38
20	11h19	20	Aquário	16h43
22	1h09	23	Peixes	3h38
25	11h13	25	Áries	15h48
28	0h26	28	Touro	4h31

Último Aspecto		Entrada da Lua num Novo Signo		
Dia	**Hora**	**Dia**	**Signo**	**Hora**
		Março de 2020		
1º	12h53	1º	Gêmeos	16h22
3	23h21	4	Câncer	1h26
6	4h13	6	Leão	6h29
8	5h14	8	Virgem	7h48
10	5h33	10	Libra	7h04
12	5h13	12	Escorpião	6h29
14	7h07	14	Sagitário	8h10
16	6h35	16	Capricórnio	13h26
18	21h49	18	Aquário	22h17
20	6h01	21	Peixes	9h34
23	11h52	23	Áries	21h59
26	4h18	26	Touro	10h38
28	20h06	28	Gêmeos	22h39
30	12h11	31	Câncer	8h44
		Abril de 2020		
2	13h50	2	Leão	15h27
3	16h30	4	Virgem	18h20
6	10h30	6	Libra	18h17
8	9h51	8	Escorpião	17h18
10	16h36	10	Sagitário	17h36
12	8h47	12	Capricórnio	21h06
14	20h49	15	Aquário	4h38
17	11h35	17	Peixes	15h31
19	20h32	20	Áries	4h01
22	9h33	22	Touro	16h37
24	21h44	25	Gêmeos	4h21
27	14h01	27	Câncer	14h29
29	16h31	29	Leão	22h07

Último Aspecto		Entrada da Lua num Novo Signo		
Dia	Hora	Dia	Signo	Hora
		Maio 2020		
1º	13h05	2	Virgem	2h36
3	23h26	4	Libra	4h11
5	23h32	6	Escorpião	4h06
7	23h40	8	Sagitário	4h16
10	3h12	10	Capricórnio	6h40
12	7h31	12	Aquário	12h40
14	11h04	14	Peixes	22h26
17	5h00	17	Áries	10h37
19	17h34	19	Touro	23h12
22	5h02	22	Gêmeos	10h37
24	8h11	24	Câncer	20h10
26	22h07	27	Leão	3h34
28	10h31	29	Virgem	8h41
31	6h18	31	Libra	11h39
		Junho 2020		
2	7h41	2	Escorpião	13h07
4	8h38	4	Sagitário	14h18
6	1h12	6	Capricórnio	16h45
8	15h07	8	Aquário	21h55
10	11h36	11	Peixes	6h33
13	9h46	13	Áries	18h04
15	21h51	16	Touro	6h37
18	9h03	18	Gêmeos	18h01
20	18h49	21	Câncer	3h03
23	4h21	23	Leão	9h34
24	2h35	25	Virgem	14h06
27	17h03	27	Libra	17h18
29	10h03	29	Escorpião	19h49

Último Aspecto		Entrada da Lua num Novo Signo		
Dia	Hora	Dia	Signo	Hora
		Julho 2020		
1º	22h22	1º	Sagitário	22h22
3	10h07	4	Capricórnio	1h49
6	6h36	6	Aquário	7h09
7	1h39	8	Peixes	15h14
11	0h50	11	Áries	2h07
13	12h55	13	Touro	14h35
16	0h22	16	Gêmeos	2h20
17	18h16	18	Câncer	11h25
20	14h56	20	Leão	17h17
21	21h28	22	Virgem	20h41
24	20h09	24	Libra	22h55
26	22h10	27	Escorpião	1h13
29	1h02	29	Sagitário	4h26
30	21h09	31	Capricórnio	8h59
		Agosto 2020		
2	11h01	2	Aquário	15h12
4	18h47	4	Peixes	23h29
7	9h55	7	Áries	10h06
9	16h51	9	Touro	22h29
12	4h56	12	Gêmeos	10h47
14	8h20	14	Câncer	20h37
16	21h00	17	Leão	2h40
19	2h39	19	Virgem	5h21
21	0h38	21	Libra	6h17
23	1h21	23	Escorpião	7h17
25	3h28	25	Sagitário	9h50
27	9h01	27	Capricórnio	14h38
29	16h32	29	Aquário	21h38

Último Aspecto		Entrada da Lua num Novo Signo		
Dia	Hora	Dia	Signo	Hora
Setembro 2020				
1º	1h57	1º	Peixes	6h35
3	11h35	3	Áries	17h23
6	1h46	6	Touro	5h45
8	9h48	8	Gêmeos	18h29
11	1h49	11	Câncer	5h04
13	9h06	13	Leão	12h34
15	12h11	15	Virgem	15h38
17	8h43	17	Libra	15h57
19	11h30	19	Escorpião	15h34
21	15h14	21	Sagitário	16h33
23	14h33	23	Capricórnio	20h17
26	0h37	26	Aquário	3h09
28	4h19	28	Peixes	12h35
30	14h31	30	Áries	23h48
Outubro 2020				
3	2h48	3	Touro	12h14
5	15h42	6	Gêmeos	1h04
7	22h58	8	Câncer	12h47
10	13h05	10	Leão	21h26
12	11h31	13	Virgem	1h57
14	19h48	15	Libra	2h55
16	19h13	17	Escorpião	2h07
18	18h44	19	Sagitário	1h44
21	0h39	21	Capricórnio	3h45
23	1h36	23	Aquário	9h18
24	18h55	25	Peixes	18h19
27	21h47	28	Áries	5h46
30	13h14	30	Touro	18h20

Último Aspecto		Entrada da Lua num Novo Signo		
Dia	Hora	Dia	Signo	Hora
		Novembro 2020		
1º	23h31	2	Gêmeos	7h01
4	10h50	4	Câncer	18h47
6	22h28	7	Leão	4h19
9	8h06	9	Virgem	10h31
11	8h00	11	Libra	13h11
13	8h34	13	Escorpião	13h20
15	8h14	15	Sagitário	12h48
17	4h56	17	Capricórnio	13h36
19	13h31	19	Aquário	17h26
20	21h50	22	Peixes	1h07
24	7h45	24	Áries	12h06
26	20h47	27	Touro	0h44
29	9h50	29	Gêmeos	13h17
		Dezembro 2020		
1º	1h23	2	Câncer	0h34
4	7h30	4	Leão	9h54
5	19h29	6	Virgem	16h47
8	19h36	8	Libra	21h02
10	21h57	10	Escorpião	23h00
12	22h59	12	Sagitário	23h40
14	13h18	15	Capricórnio	0h36
17	2h36	17	Aquário	3h28
19	5h46	19	Peixes	9h40
21	7h26	21	Áries	19h33
23	19h52	24	Touro	7h57
26	8h33	26	Gêmeos	20h34
29	0h02	29	Câncer	7h29
31	10h46	31	Leão	15h59

Tábua lunar em 2020

A tabela abaixo foi construída para o fuso horário de Brasília.

JANEIRO

Áries 1h02 do dia 2	**Escorpião** 15h22 do dia 17
Touro 13h16 do dia 4	**Sagitário** 19h42 do dia 19
Gêmeos 23h12 do dia 6	**Capricórnio** 2h01 do dia 22
Câncer 5h44 do dia 9	**Aquário** 10h22 do dia 24
Leão 9h17 do dia 11	**Peixes** 20h45 do dia 26
Virgem 11h08 do dia 13	**Áries** 8h52 do dia 29
Libra 12h44 do dia 15	**Touro** 21h29 do dia 31

FEVEREIRO

Gêmeos 8h30 do dia 3	**Sagitário** 1h08 do dia 16
Câncer 16h04 do dia 5	**Capricórnio** 7h38 do dia 18
Leão 19h46 do dia 7	**Aquário** 16h43 do dia 20
Virgem 20h40 do dia 9	**Peixes** 3h38 do dia 23
Libra 20h38 do dia 11	**Áries** 15h48 do dia 25
Escorpião 21h39 do dia 13	**Touro** 4h31 do dia 28

MARÇO

Gêmeos 16h22 do dia 1º	**Capricórnio** 13h26 do dia 16
Câncer 1h26 do dia 4	**Aquário** 22h17 do dia 18
Leão 6h29 do dia 6	**Peixes** 9h34 do dia 21
Virgem 7h48 do dia 8	**Áries** 21h59 do dia 23
Libra 7h04 do dia 10	**Touro** 10h38 do dia 26
Escorpião 6h29 do dia 12	**Gêmeos** 22h39 do dia 28
Sagitário 8h10 do dia 14	**Câncer** 8h44 do dia 31

ABRIL

Leão 15h27 do dia 2	**Peixes** 15h31 do dia 17
Virgem 18h20 do dia 4	**Áries** 4h01 do dia 20
Libra 18h17 do dia 6	**Touro** 16h37 do dia 22
Escorpião 17h18 do dia 8	**Gêmeos** 4h21 do dia 25
Sagitário 17h36 do dia 10	**Câncer** 14h29 do dia 27
Capricórnio 21h06 do dia 12	**Leão** 22h07 do dia 29
Aquário 4h38 do dia 15	

MAIO

Virgem 2h36 do dia 2
Libra 4h11 do dia 4
Escorpião 4h06 do dia 6
Sagitário 4h16 do dia 8
Capricórnio 6h40 do dia 10
Aquário 12h40 do dia 12
Peixes 22h26 do dia 14
Áries 10h37 do dia 17
Touro 23h12 do dia 19
Gêmeos 10h37 do dia 22
Câncer 20h10 do dia 24
Leão 3h34 do dia 27
Virgem 8h41 do dia 29
Libra 11h39 do dia 31

JUNHO

Escorpião 13h07 do dia 2
Sagitário 14h18 do dia 4
Capricórnio 16h45 do dia 6
Aquário 21h55 do dia 8
Peixes 6h33 do dia 11
Áries 18h04 do dia 13
Touro 6h37 do dia 16
Gêmeos 18h01 do dia 18
Câncer 3h03 do dia 21
Leão 9h34 do dia 23
Virgem 14h06 do dia 25
Libra 17h18 do dia 27
Escorpião 19h49 do dia 29

JULHO

Sagitário 22h22 do dia 1º
Capricórnio 1h49 do dia 4
Aquário 7h09 do dia 6
Peixes 15h14 do dia 8
Áries 2h07 do dia 11
Touro 14h35 do dia 13
Gêmeos 2h20 do dia 16
Câncer 11h25 do dia 18
Leão 17h17 do dia 20
Virgem 20h41 do dia 22
Libra 22h55 do dia 24
Escorpião 1h13 do dia 27
Sagitário 4h26 do dia 29
Capricórnio 8h59 do dia 31

AGOSTO

Aquário 15h12 do dia 2
Peixes 23h29 do dia 4
Áries 10h06 do dia 7
Touro 22h29 do dia 9
Gêmeos 10h47 do dia 12
Câncer 20h37 do dia 14
Leão 2h40 do dia 17
Virgem 5h21 do dia 19
Libra 6h17 do dia 21
Escorpião 7h17 do dia 23
Sagitário 9h50 do dia 25
Capricórnio 14h38 do dia 27
Aquário 21h38 do dia 29

SETEMBRO

Peixes 6h35 do dia 1º
Áries 17h23 do dia 3
Touro 5h45 do dia 6
Gêmeos 18h29 do dia 8
Câncer 5h04 do dia 11
Leão 12h34 do dia 13
Virgem 15h38 do dia 15
Libra 15h57 do dia 17
Escorpião 15h34 do dia 19
Sagitário 16h33 do dia 21
Capricórnio 20h17 do dia 23
Aquário 3h09 do dia 26
Peixes 12h35 do dia 28
Áries 23h48 do dia 30

OUTUBRO

Touro 12h14 do dia 3
Gêmeos 1h04 do dia 6
Câncer 12h47 do dia 8
Leão 21h26 do dia 10
Virgem 1h57 do dia 13
Libra 2h55 do dia 15
Escorpião 2h07 do dia 17
Sagitário 1h44 do dia 19
Capricórnio 3h45 do dia 21
Aquário 9h18 do dia 23
Peixes 18h19 do dia 25
Áries 5h46 do dia 28
Touro 18h20 do dia 30

NOVEMBRO

Gêmeos 7h01 do dia 2
Câncer 18h47 do dia 4
Leão 4h19 do dia 7
Virgem 10h31 do dia 9
Libra 13h11 do dia 11
Escorpião 13h20 do dia 13
Sagitário 12h48 do dia 15
Capricórnio 13h36 do dia 17
Aquário 17h26 do dia 19
Peixes 1h07 do dia 22
Áries 12h06 do dia 24
Touro 0h44 do dia 27
Gêmeos 13h17 do dia 29

DEZEMBRO

Câncer 0h34 do dia 2
Leão 9h54 do dia 4
Virgem 16h47 do dia 6
Libra 21h02 do dia 8
Escorpião 23h00 do dia 10
Sagitário 23h40 do dia 12
Capricórnio 0h36 do dia 15
Aquário 3h28 do dia 17
Peixes 9h40 do dia 19
Áries 19h33 do dia 21
Touro 7h57 do dia 24
Gêmeos 20h34 do dia 26
Câncer 7h29 do dia 29
Leão 15h59 do dia 31

Previsões para 2020 segundo a Numerologia

O ano é muito favorável para ganhos financeiros e a retomada de projetos adiados. No início de 2020, pode parecer que tudo permanecerá do mesmo jeito. Ledo engano. Com muita criatividade, proatividade e empenho, o ano será propício tanto para realizações pessoais quanto profissionais e afetivas.

Segundo a Numerologia, anos que repetem algarismos são anos de transformação e mudanças. Espera-se que este seja o ano das reformas políticas e sociais, no qual estará em evidência a consciência para um mundo melhor.

- **JANEIRO:** Contas, prestações, obrigações etc. Todo início de ano é a mesma coisa. Apesar de parecer estagnado e rotineiro, janeiro é um excelente mês para iniciar novos negócios e projetos. Mantenha o foco e a determinação.

- **FEVEREIRO:** Excelente mês para o ostracismo e a reflexão interior. Sucesso em trabalhos criativos e em grupo. Evite gastos desnecessários e invista em qualidade de vida.

- **MARÇO:** Muito cuidado com promessas mirabolantes e negócios com pessoas que você acabou de conhecer. Analise bem essas questões e conte com sua intuição.

- **ABRIL:** Ótimo mês para juntar algum dinheiro e investir em imóveis. Sabendo lidar com as adversidades de modo crítico e positivo, você obterá bastante lucro em seus empreendimentos. Poupe para o futuro.

- **MAIO:** Sabe aquelas férias que havia planejado há muito tempo com seu par romântico? É tempo de pensar nisso novamente. Use os ganhos poupados e invista em sua relação. Erros e acertos na vida pessoal e nas relações interpessoais.

- **JUNHO:** Neste mês, espera-se de você muito trabalho e esforço. Não desanime, pois será recompensado em igual medida. Mês numerológico favorável a ganhos inesperados.

- **JULHO:** Todo o seu encanto pessoal e carisma estarão em alta. Aproveite a oportunidade para influenciar as pessoas e realizar seus sonhos. Evite uma vida desregrada, principalmente no que diz respeito a sua alimentação.

- **AGOSTO:** Este será o mês da paciência. Seja paciente com relacionamentos, emprego, família etc. Mantenha sempre o equilíbrio emocional e se posicione apenas diante de coisas ou pessoas que são realmente importantes em sua vida.

- **SETEMBRO:** As palavras-chave deste mês são ousadia e flexibilidade. Lembre-se de que todos têm uma versão diferente para os mesmos fatos. Não se deixe levar pela teimosia. Trabalho em excesso pode resultar em estresse, portanto, tire um tempo só para você.

- **OUTUBRO:** Mês reservado a questões emocionais e de família. Depois da resolução desses problemas, sobrará tempo hábil para novos projetos. Dias favoráveis também ao desenvolvimento espiritual e mental. E, com todas essas mudanças pessoais, o sucesso virá de forma gratificante.

- **NOVEMBRO:** Hora de dar uma guinada na vida financeira, pois ganhos nessa área estarão em alta neste mês. Procure poupar um pouco e evite gastos excessivos. Mantenha o foco no trabalho em equipe, delegando as tarefas que puder.

- **DEZEMBRO:** Mês para se dedicar à família e aos amigos, pois o cansaço de mais um final de ano pode surgir. Cuidado especial com a vida social em excesso. Evite abusar de álcool e comidas extravagantes.

A gastronomia e os doze signos zodiacais

ÁRIES

O ariano é um ser zodiacal pródigo em energia; sua força para a ação e natural liderança sempre se manifestam pelos lugares por onde passa. Coragem, determinação e força de vontade são a marca registrada desse signo, assim como sua notória franqueza, que muitas vezes rende-lhe inimizades duradouras. Sincero em excesso, não raro faltam-lhe tato e diplomacia em relação aos outros.

O ariano gosta de desafios e nunca se dá por vencido facilmente, seja por sua audácia ou pela imbatível teimosia. Ele não lida bem com contrariedades, mas se recupera delas com rapidez; tal como uma criança, logo vai correr atrás de uma nova empreitada ou aventura. Sendo um improvisador nato, destaca-se muito em situações de emergência; pioneiro, adora começar as coisas, mas seu problema está em terminá-las. Seu grande aprendizado é controlar o egoísmo e saber considerar e respeitar os sentimentos alheios.

Como receber um ariano em sua casa

Ao receber um ariano em casa, lembre-se de que ele gosta de ser surpreendido. Você pode usar copos arrojados ou diferentes, e cor vermelha ou bordô na louça e no jogo americano. No caso de ser um jantar romântico, rosas ou antúrios vermelhos darão um toque especial. Comida indiana, que pede bastante pimenta ou iguarias, é uma opção interessante, uma vez que ele aprecia condimentos fortes. Pode ser servido também um rosbife com batatas ao forno, pois geralmente o ariano aprecia carnes vermelhas, como de carneiro ou de porco – afinal, o ato de se alimentar também precisa ter algum desafio a ser vencido. Um bom licor digestivo sempre faz bem.

TOURO

Touro é o signo que melhor representa as qualidades do elemento Terra, que na Astrologia simboliza a estabilidade, o conservadorismo, a segurança material e o prazer dos cinco sentidos. O taurino é um ser zodiacal que gosta de acumular coisas, preservar hábitos e que sofre muito quando tem de abrir mão de algo que ganhou ou conquistou. É um trabalhador dedicado e incansável, saindo-se bem em todas as profissões, pois ama tudo o que faz. Vênus, seu planeta regente, vivifica seu senso estético e sensual, acentuando a percepção sensorial das coisas e sua marcante vaidade. Seu grande aprendizado é não resistir às mudanças e esquecer as mágoas, que se transformam em ressentimentos. Ele vai e volta no mesmo assunto centenas de vezes até que possa se desapegar do passado e seguir adiante.

Como receber um taurino em sua casa

O típico taurino é aquele que não resiste aos prazeres da boa mesa. Se quiser encantá-lo, prepare uma mesa farta, colorida e com muitas opções para que ele possa desfrutar. Uma toalha de mesa que tenha detalhes de flores em tons pastel e guardanapos combinando certamente vai funcionar. A simplicidade é seu forte; invista em pratos de cerâmica e talheres e copos leves e funcionais. O taurino geralmente apreciará comidas caseiras, como maionese, torta de frango ou macarronada com almôndegas. Jamais se esqueça da sobremesa, pois um taurino que se preze não se incomoda em sair da dieta. Pode ser uma torta de morango ou maçã salpicada com canela, um pavê de chocolate ou um sorvete de creme ou coco com calda de caramelo. Sirva um chá de hortelã para finalizar.

GÊMEOS

Os geminianos adoram movimento, boas conversas e adaptam-se facilmente a situações diversas sem muita cerimônia. Versátil e sempre bem informado, esse tipo zodiacal vai de um assunto para outro rapidamente, da mesma forma que uma criança troca de brinquedo. Suas marcas características são a curiosidade e a infinita vontade de aprender e viajar. Seu anseio por liberdade é marcante, assim como a capacidade de ver o lado bom da vida, por exemplo, contando casos interessantes e boas piadas. Podem ser superficiais ou inconstantes, pois sua mente sempre está atrás de alguma novidade. A mente do geminiano é lógica e dual, ou seja, gosta de ver tudo por ângulos diferentes, e sua opinião pode mudar conforme a situação em que se encontra. Essa característica para ele não é incoerência, mas sim jogo de cintura e capacidade de mudar suas ideias sempre que necessário. Sempre de lá pra cá, o geminiano é conhecido como a "borboleta do Zodíaco".

Como receber um geminiano em sua casa

Caso receba um geminiano para um almoço ou jantar, opte por louça clara em tons de azul e amarelo, e por tudo que dê um tom de leveza e informalidade ao ambiente. A solenidade não é o forte desse signo, e sim a descontração. Um aperitivo de entrada para descontrair cairá bem. O menu preferido do geminiano é composto por alimentos leves e frugais, que possam ser preparados rapidamente. Podem ser aves ou peixes grelhados com saladas bem coloridas, arroz integral com legumes, ou um *yakisoba* feito na hora. Frutas da estação são uma boa pedida para a sobremesa, assim como musse de maracujá ou limão. Lembre-se de que o geminiano gosta de falar muito; por isso, a excelência da comida talvez fique em segundo plano – ou seja, um sanduíche bem gostoso pode muito bem agradá-lo.

CÂNCER

Câncer é um signo regido pela Lua, que está associado à vida inconsciente e às emoções. Isso confere ao canceriano um caráter suscetível, emotivo e sonhador. Muito ligado à família, gosta de protegê-la ou por ela ser protegido durante toda a vida. É um tipo zodiacal conhecido por se destacar em atividades criativas ou artísticas, e também pelas variações de humor, oscilando entre a alegria e a nostalgia, entre o afeto e a intolerância. Aprecia tudo aquilo que já é conhecido, seguro e familiar; cultua o passado, a história de seus pais ou culturas milenares. As decisões do canceriano em geral baseiam-se em memórias, sensações ou intuições, revelando-se assim sua natureza mais subjetiva e sonhadora em relação à vida. São queridos e populares, pois deles emana um carisma natural.

Como receber um canceriano em sua casa

Pense em um ambiente que possua luz suave e que seja aconchegante e acolhedor. A mesa pode ter flores brancas e enfeites delicados, sem luxo. Talheres de prata vão encantá-lo, assim como taças de cristal para apreciar um bom vinho branco ou *rosé*. Você vai ganhar muitos pontos se a mesa estiver forrada com uma toalha da casa de seus avós, toda bordada à mão. Para não errar, lembre que a culinária japonesa tem muito a ver com a delicadeza deste signo, incluindo suas cores e originalidade. Para dias de inverno, um *fondue* de queijo será um sucesso. Para dias de calor, sirva sucos feitos com hortelã e frutas refrescantes, como abacaxi, melancia ou melão. Sobremesas preferidas do canceriano: manjar branco e musses de frutas.

LEÃO

O leonino, tal como o Sol que rege seu signo, é sempre o centro das atenções, gostem os demais ou não. Costuma-se dizer que o leonino não chega a um lugar, mas sim que ele "entra em cena". Obviamente vaidosos, possuem muita alegria de viver, gostam de brilhar e são exagerados em tudo. Esse tipo zodiacal entusiasma-se facilmente com desafios e não lida bem com as frustrações da vida. Tampouco consegue encarar suas fraquezas e defeitos, que só mostrará em casos extremos. Lealdade e fidelidade têm para ele um valor supremo.

Os leoninos possuem um estilo de vida que exclui a modéstia e a humildade. Devem aprender a controlar seu autoritarismo e orgulho. Gostam de ostentação, seja em joias, carros ou roupas, uma vez que seu prazer é brilhar e ser amado.

Como receber um leonino em sua casa

O leonino geralmente aprecia a boa mesa, e a sofisticação da comida vai combinar com seu estilo "solar" de ser. O ambiente deve ser preferencialmente claro e iluminado. Nada de improvisos, pois ele é conservador. A mesa deverá ter utensílios clássicos, em tons de amarelo ou dourado, que realcem a nobreza do encontro e a dele, é claro. Pratos da cozinha francesa serão os mais apreciados, e também frutos do mar, como lagosta e caviar. Ele vai gostar também de carnes e massas saborosas, feitas com temperos requintados. Para a sobremesa, você pode servir um delicioso creme de papaia com licor de cassis. Vinhos de qualidade para brindar e celebrar a vida não podem faltar na mesa que receberá o leonino.

VIRGEM

Os virginianos são bem conhecidos por sua natureza analítica e pragmática. Minuciosos como ninguém, estão sempre atentos aos detalhes de tudo.

Racionais e sistemáticos, acabam por vezes subestimando as emoções e a subjetividade da alma. Modestos e reservados, prezam e valorizam a organização e a praticidade do dia a dia. Seu ponto fraco é sofrer por antecipação, pois sua natureza ansiosa quer tudo perfeito, o que nem sempre é possível. Esse tipo zodiacal adora sentir-se útil e ajudar a todos. Tem acentuada atenção com o próprio corpo e gosta de temas ligados a saúde e bem-estar em geral. É comum optar por alimentos orgânicos e naturais.

Como receber um virginiano em sua casa

Um virginiano típico é seletivo em matéria de alimentação e gosta muito do vegetarianismo. Se quiser convidá-lo para um jantar ou almoço, certifique-se de suas opções alimentares com antecedência. A mesa deve ser arrumada com simplicidade, e os jogos americanos podem ser de palha ou bambu; use pratos de cerâmica nas cores terracota ou areia. Você poderá agradar o virginiano com comida árabe, que contém lentilha, grão-de-bico e pães delicados. Saladas coloridas como tabule e entradinhas com *homus* e coalhada seca farão sucesso. Sendo um jantar, opte por sopas feitas com legumes que sejam raízes, como batata, inhame e cenoura. As quiches ou tortas em geral o agradam bastante, como as de alho-poró e palmito. Um chá quentinho de erva-doce é a melhor pedida para fechar esse cardápio natural e saudável.

LIBRA

Esse tipo zodiacal é regido por Vênus, deusa do amor, da beleza e das artes. Um libriano que se preze gosta de coisas belas, da harmonia das formas; é sempre admirado por sua elegância no vestir e na forma de se comportar no mundo. É hospitaleiro, sociável, diplomático e sabe receber como ninguém, sendo assim um mestre na arte de seduzir. No Zodíaco, esse signo representa a importância das relações na vida humana, pois, como sabemos, estamos nos relacionando o tempo todo. Talvez por isso o libriano deteste a solidão, tendo um caráter social, conciliador e equilibrado. É um ser comunicativo, de humor fácil e hábitos requintados; a sociedade é seu hábitat natural. Romântico e pacífico, evita relações passionais, em que os instintos prevaleçam sobre o bom senso e o respeito mútuo. É geralmente indeciso, pois sempre quer agradar a todos; também é capaz de ver os dois lados de uma situação com facilidade. Seu grande aprendizado está em saber fazer a escolha certa e abrir mão de alguma coisa, pois é sempre uma árdua tarefa para o libriano dizer "não".

Como receber um libriano em sua casa

Ao receber o libriano em casa, lembre-se de que é importante criar uma atmosfera de beleza e suavidade. Deixe que ele mesmo escolha a música de sua preferência. A mesa poderá ter enfeites com velas e flores, mas nada exagerado ou chamativo. É fundamental que guardanapos e talheres combinem entre si, em especial nas cores de tons pastel. Ele poderá desfrutar de um *fondue* de queijo, quiches, suflês ou sopas bem temperadas, feitas de legumes variados. De sobremesa, tortas de morango ou de maçã salpicada com canela surtirão um bom efeito. Outra opção é um saboroso pavê de ameixas seguido de um licor suave.

ESCORPIÃO

O signo de Escorpião é regido por Plutão, associado aos mistérios da vida, à sensualidade, à capacidade de ver além daquilo que os olhos podem enxergar. O escorpiano é intenso, passional, adora segredos e sabe desvendar a alma humana como ninguém. Esse tipo zodiacal é extremado e não gosta de fazer nada pela metade; é muito crítico com aquilo que não aceita ou é injusto de acordo com seus padrões morais. Seus relacionamentos são profundos, sendo que não aceita a infidelidade em nenhuma hipótese; na verdade, o ciúme é seu ponto fraco. Reservado, preza sua intimidade e gosta de ter controle sobre seus sentimentos, o que na verdade é uma maneira de não expor demais sua sensibilidade e vulnerabilidade em relação aos sentimentos alheios.

Como receber um escorpiano em sua casa

Quando convidar o escorpiano para jantar em sua casa, lembre-se de que ele não gosta de coisas óbvias ou banais. Não conte para seu convidado com antecedência o que vai preparar, pois certo clima de mistério será estimulante. Você poderá compor a mesa com cores fortes e intensas, como o bordô e o vermelho. Um risoto com polvo ou frutos do mar, acompanhado de um bom vinho tinto, atenderá seu paladar exigente, e uma sopa de beterraba pode ser uma entrada adequada. As comidas tailandesa ou chinesa podem ser uma boa pedida, com seus inúmeros temperos e iguarias exóticas. Além do mais, têm características afrodisíacas. De sobremesa, uma salada de frutas adoçada com um pouco de mel surtirá um bom efeito.

SAGITÁRIO

O sagitariano é um indivíduo fascinado por filosofias e ideias; expansivo, audacioso e aventureiro, adora conquistar pessoas e espaços novos o tempo todo. Seguro e autoconfiante, é impelido a convencer os outros de seus pontos de vista e não gosta que duvidem de seus valores morais. De modo geral, tem um invejável senso de humor com uma ligeira dose de ironia; critica abertamente tanto os outros como a si mesmo. Adora praticar esportes, viajar e conhecer culturas diferentes, tendo uma mente aberta para sempre avançar rumo a novos desafios. Esse tipo zodiacal é generoso e extravagante, e não perde tempo com ninharias ou conversas desinteressantes. Sabe jogar com a sorte e aproveitar as oportunidades que aparecem, pois seu *feeling* para novidades é bem acentuado.

Como receber um sagitariano em sua casa

Quando convidar um sagitariano para jantar em casa, tenha em mente que ele adora pompa e circunstância. Enfeite a casa com belas flores, disponha alguns livros de arte, que ele adora, sobre a mesinha de centro ou de canto, e selecione músicas de qualidade. É possível que ele não repare muito nos detalhes de decoração em geral, mas saberá apreciar uma conversa animada e estimulante, relatando suas aventuras em diferentes lugares do mundo, por exemplo. Falar das dificuldades da vida, nem pensar. Esse tipo zodiacal é glutão – gosta de comer tudo o que vier pela frente. Sendo assim, você pode servir uma saborosa *paella* com frutos de mar, ou então uma carne assada bem suculenta com arroz de forno e farofa. E nada de porções pequenas. Um brinde com champanhe selará o final feliz desse encontro.

CAPRICÓRNIO

O capricorniano típico é um indivíduo geralmente introvertido, por vezes austero e reservado. Seu senso de responsabilidade e realidade não faz dele um tipo zodiacal exuberante. No entanto, ele é fiel à família e aos amigos, sempre prestativo e confiável, nunca deixando ninguém na mão. Perseverante e resiliente, lutará durante toda a vida para alcançar a segurança material. Sua forte ambição e perseverança podem levá-lo a ocupar funções ou papéis de destaque ou poder na vida profissional. Prudente e cerimonioso, poderá ter tiradas de humor ótimas quando ninguém estiver esperando. Este signo é regido pelo planeta Saturno, que representa a maturidade e a sabedoria que chegam com o passar do tempo.

Como receber um capricorniano em sua casa

De antemão, saiba que esse tipo zodiacal não dá importância a solenidades e ostentação. Procure deixar tudo bem organizado, pois ele não é afeito a improvisos e atrasos. Uma caipirinha de entrada será bem-vinda para descontraí-lo. Conversas sobre o noticiário do dia, economia e política tendem a interessá-lo. Na mesa, você poderá usar aquilo que é de seu cotidiano, nada de muito especial ou diferente. Conservador, ele ficará bem satisfeito com um cardápio caseiro, por exemplo, arroz e feijão bem temperados, uma carne refogada e um purê de batata. Ravióli com molho de tomate e manjericão também é uma boa pedida. Na sobremesa, você pode apostar em um bolo de chocolate ou nozes, acompanhado de um café feito na hora.

AQUÁRIO

A necessidade de liberdade do aquariano nunca deve ser subestimada, uma vez que seu estilo de vida está justamente relacionado a essa característica. Os aquarianos são originais, idealistas e visionários, não dando valor aos modelos convencionais, seja quanto aos costumes ou à forma de pensar. Por terem inclinações para o mundo intelectual, são aparentemente distantes e desligados da vida real. Mas são amigos leais e confiáveis, e possuem um desejo genuíno de serem úteis, não só para uma pessoa, mas para toda a sociedade. São avessos a rotina, horários rígidos, e, como intuitivos natos, pressentem os eventos do futuro com muita facilidade. São desconcertantes quando vão na direção oposta ao que é socialmente adequado ou de acordo com as regras vigentes. Essas tendências, por vezes, tornam o aquariano um rebelde sem causa, isolado do mundo.

Como receber um aquariano em sua casa

Será preciso exercitar sua criatividade ao receber um aquariano em sua casa. Você poderá surpreendê-lo ao convidar também um amigo em comum, sem que ele saiba. Em caso de atraso, faça de conta que não percebeu. Quanto ao ambiente, que esteja ventilado; em relação ao clima, que seja descontraído e alegre. A mesa e os utensílios não precisam combinar, por um simples motivo: ele nem vai reparar. Uma entrada com castanhas e queijos vai agradá-lo. Com relação aos outros pratos do cardápio, opte por alimentos leves, como saladas com molho de iogurte e ervas, cuscuz marroquino ou salmão grelhado com alcaparras. Para finalizar com êxito, um *cheesecake* com frutas vermelhas.

PEIXES

O último dos doze signos é marcado por forte imaginação, idealismo ou misticismo. Os piscianos possuem uma natureza empática e sensível aos sentimentos e sofrimentos da coletividade. Amorosos ao extremo, têm muita disponibilidade para ajudar e aconselhar as pessoas. Movidos pela compaixão, sua devoção àqueles que amam é praticamente infinita. Estão sob a regência do planeta Netuno, que representa a fé e a unidade da vida, o que geralmente os leva a buscar e desenvolver uma visão espiritual do mundo. A característica escapista pode ser entendida como uma recusa em encarar a realidade de frente, o que muitas vezes gera acentuada tendência à inércia. Para combatê-la, o pisciano terá de exercitar uma postura mais assertiva e pragmática em relação à vida.

Como receber um pisciano em sua casa

Ao convidar o pisciano para um almoço ou jantar, lembre-se de confirmar a data, pois ele pode não aparecer por simples esquecimento. Para agradá-lo, saiba que música o encanta, assim como aromas suaves no ambiente. Quanto à mesa, será interessante enfeitá-la com flores miúdas e delicadas, louça clara e copos bonitos. Os piscianos gostam de bebidas, e vale tudo: cerveja, vinho, suco ou champanhe. O menu poderá ter arroz integral, bacalhau ao forno, suflê de legumes e uma salada de beterraba com maçã picada e uva-passa. Se for um jantar, sirva uma sopa de quatro queijos acompanhada de pão italiano – e, claro, um vinho do Porto para fechar bem esse momento de prazer.

Astrologia e saúde dos doze signos

Por Tereza Kawall

Desde as eras mais remotas, a Astrologia vem se relacionamento com vários campos do conhecimento, entre eles, a medicina. Ao entender e observar a correlação entre a saúde humana, os signos e os planetas, esse saber milenar estruturou aquilo que foi chamado de anatomia zodiacal. Esse setor da Astrologia foi, desde sempre, muito respeitado e valorizado por renomados estudiosos da saúde física e psíquica na Antiguidade, como Paracelso e Hipócrates, este último considerado como o pai da medicina moderna. Vejamos então essa relação.

ÁRIES: Este é o primeiro signo, que corresponde ao início da primavera no Hemisfério Norte, a força arrebatadora do princípio e início da vida, a essência do universo primordial. Regido por Marte e pelo elemento Fogo, está associado ao impulso vital, à coragem, à liderança, à vontade e à afirmação do eu. Este signo corresponde fisicamente à cabeça, mais precisamente ao cérebro, ao crânio, aos dentes, ao maxilar superior, aos músculos e aos glóbulos vermelhos do sangue. Os arianos têm tendência a apresentar febres altas, hipertensão, nevralgias faciais, gengivites, bruxismo, cãibras, erupções na pele e dores na região cervical que causam enxaquecas. Geralmente agitados ou irritadiços, podem sofrer de hipertensão ou insônia. Porém, são dotados de grande vitalidade e saúde, e se recuperam rapidamente de seus problemas físicos. É recomendável que pratiquem esportes de forma regular para dar vazão a toda a sua energia – são muito indicadas as lutas marciais, que também exercitam o autocontrole e a disciplina.

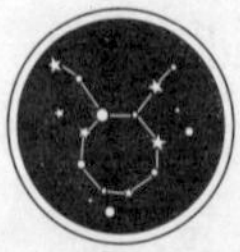

TOURO: O taurino é considerado como o mais forte e resistente signo do Zodíaco; geralmente possui uma constituição física sólida, seu ritmo é pesado e lento. Este signo encontra correspondência astrológica com a região da garganta, compreendendo a faringe, a laringe, o maxilar inferior, as amígdalas, a boca, a língua, a glândula tireoide, as cordas vocais e as vértebras cervicais altas. O paladar e o olfato são dois sentidos marcantes neste tipo zodiacal. Suas doenças mais prováveis ou frequentes são: amigdalites e faringites, difteria e disfunções da tireoide. Um taurino típico tem tendência à indolência ou sedentarismo, comer em excesso e assim ganhar peso com muita facilidade. Deve procurar fazer exercícios com regularidade, deixar de lado o açúcar e os carboidratos em excesso, evitando assim as constantes brigas com a balança e, por consequência, com sua autoestima, pois geralmente é bastante vaidoso. Este tipo zodiacal tende a reprimir suas emoções, permitindo que suas contrariedades se transformem em ressentimentos, o que pode ser a raiz de suas enfermidades.

GÊMEOS: O geminiano, considerado a "borboleta zodiacal", está sempre correndo de um lado para o outro, atrás de informações e novidades. As palavras-chave relacionadas a este signo são: comunicação, movimento, dualidade, rapidez e assimilação. Na anatomia zodiacal, Gêmeos corresponde também aos ombros, às vértebras torácicas, aos braços, às mãos e aos dedos. Como signo do elemento Ar, simboliza as trocas com o meio ambiente, o que torna os geminianos ávidos por informação e extremamente sensíveis aos estímulos externos. Suas enfermidades provêm de sua natureza inquieta e nervosa, tais como asma e insônia. A sensibilidade pulmonar pode trazer com frequência gripes, congestões, pleurisia e pneumonia, alergias, sinusite. Para controlar a ansiedade são recomendados os exercícios de yoga e meditação que trabalham com a respiração e o relaxamento. Os geminianos devem procurar evitar comidas mais pesadas, bem como lugares fechados com pouca ventilação ou com ar-condicionado. Todas as atividades ao ar livre são estimulantes e bem assimiladas.

CÂNCER: Câncer, o quarto signo do zodíaco, relaciona-se fisicamente à região do peito e do abdômen; rege o estômago, os seios, o útero, os líquidos do corpo, o peritônio e o sistema nervoso vegetativo. Rege as funções fisiológicas da salivação, da nutrição e da digestão, assim como o movimento peristáltico. O canceriano é um ser sensível e influenciável, e sua emotividade pode levá-lo a ter problemas digestivos, como úlceras e refluxos. A Lua é o regente natural deste signo e, sendo ele relacionado à maternidade, diz respeito também às glândulas mamárias e ao aleitamento materno. A sensibilidade aguçada torna os nativos deste signo suscetíveis a somatizar os problemas emocionais. Suas enfermidades mais frequentes são: úlceras, cólicas, gastrites, azias, obesidade, retenção de líquidos. Dessa forma, o canceriano pode ter uma vida mais saudável se souber controlar a ingestão em excesso de açúcar, de álcool e de carboidratos. São recomendados todos os chás diuréticos e esportes como a natação, pois o elemento Água tem um poder restaurador para esse tipo zodiacal.

LEÃO: Este signo é regido pelo Sol, fonte de luz e vida para tudo o que está na natureza. Os leoninos têm uma acentuada alegria de viver, resistência, vitalidade e preferem evitar demonstrar suas fragilidades, sejam elas psíquicas ou físicas. As correspondências anatômicas e fisiológicas relacionadas ao quinto signo são o coração, o sistema circulatório, a coluna vertebral na região do coração e as veias. O leonino é suscetível aos problemas circulatórios e cardíacos, pressão alta, palpitações, anemia, fotofobia. Ele precisa estar sempre atento a essas tendências, cuidando bem da alimentação, evitando o sal e comida em excesso, praticando exercícios adequados ao seu tipo físico. É bom lembrar que o coração é o órgão que envia, através do sistema circulatório, material nutritivo e oxigênio às células. Muito emotivo, lida mal com as contrariedades, e as emoções contidas muitas vezes podem afetar seu sistema imunológico. E já que estamos falando do coração, não há como ignorar a importância dos amores e das paixões na vida de um leonino.

VIRGEM: Na anatomia zodiacal, o sexto signo encontra correspondência física com a região abdominal, baço e duodeno, e as funções assimilativas do intestino delgado. Sua natureza irritável e ansiosa tende a debilitar esses órgãos, tornando o virginiano propenso a problemas gastrointestinais, cólicas, apendicite, prisão de ventre, aerofagia ou diverticulite. Os virginianos geralmente se preocupam com a saúde e por isso gostam de conhecer o valor energético de sua alimentação, e saber quais são os nutrientes necessários para seu bem-estar. A suscetibilidade a problemas intestinais faz com que busquem alimentos mais saudáveis ou orgânicos, e não industrializados. Os grãos e as fibras são muito indicados para as suas dietas mais naturais e para que possam regularizar o fluxo de seu intestino. No que diz respeito à saúde, é importante lembrar que o virginiano deve evitar todas as formas de automedicação, e procurar seu médico de confiança quando for necessário.

LIBRA: Na anatomia zodiacal, o signo de Libra está associado aos rins, cuja função essencial é manter o equilíbrio do corpo por meio de sua função depurativa do sangue e reguladora do organismo como um todo. Rege também a região lombar, os ureteres, as glândulas suprarrenais e os ovários. Suas enfermidades mais comuns são problemas renais, diabetes, sensibilidade na região lombar, nefrite, eczemas e intoxicações sanguíneas. O libriano, que está sob a regência do planeta Vênus, busca sempre manter o equilíbrio não só em suas relações, mas também em seu bem-estar e saúde. Sempre que possível, deve ingerir muito líquido e chás para estimular o processo depurativo dos rins, evitando a formação de cálculos renais. Como tem uma tendência à indolência, deve procurar praticar atividades físicas leves ou moderadas, fazer yoga, ou alongamentos que beneficiam as vértebras lombares, ou ainda caminhadas, respeitando dessa forma sua natureza física mais delicada.

ESCORPIÃO: O signo de Escorpião está associado ao sistema reprodutor, que são os órgãos genitais tanto para homens quanto para mulheres. Regido por Plutão, está relacionado também aos processos de eliminação do organismo, aos órgãos excretores como o intestino grosso, ânus, uretra, bexiga, e também à glândula próstata para o homem. Sua natureza é passional e controladora; demanda muito daqueles que o cercam. O escorpiano é um tipo zodiacal energético, resistente e dado aos excessos, sua natureza é intensa, séria e profunda; sempre dá muito valor ao seu desempenho sexual. Suas enfermidades mais comuns podem ser inflamações nas vias urinárias ou na bexiga, como a cistite, hemorroidas, tumores nessas regiões, ou doenças venéreas em geral. As práticas de medicina complementar, como homeopatia, acupuntura e reiki são bem-vindas para este signo, assim como dietas de líquidos que possam ter uma função depurativa para o organismo em geral.

SAGITÁRIO: Sagitário é um signo do elemento Fogo, e Júpiter que é o seu regente está associado com os processos de crescimento do corpo, o sistema arterial e a nutrição celular. Este é o maior planeta do sistema solar, assim como o fígado é também a maior glândula exócrina e endócrina, que libera substâncias no sangue ou nos vasos linfáticos. Ele é um neutralizador de produtos tóxicos presentes no corpo. Sua deficiência causa irritabilidade, fadiga e tensão no indivíduo. Este signo está também relacionado à região dos quadris e das coxas. O sagitariano tem uma constituição atlética forte, recuperando-se rapidamente de suas lesões físicas. Esse tipo zodiacal tem tendência à obesidade, hepatite, crises ciáticas, esclerose e distensões musculares. Gosta de grandes espaços, sofre muito com confinamento físico. Caminhadas e corridas ao ar livre são excelentes para a manutenção do seu bem-estar físico.

CAPRICÓRNIO: Este signo está associado ao sistema esquelético, que tem por função o suporte do corpo, e também a proteção dos órgãos nobres. Rege também a pele que equilibra a temperatura dos órgãos internos, os dentes, as unhas e os cabelos. Sabe-se que os indivíduos deste signo são comumente rígidos e pouco expansivos, mas fortes e resilientes na superação de adversidades, tanto físicas quanto psíquicas. Seus estados melancólicos podem progredir para estados depressivos e de pouca energia vital, o que demanda mais atenção para uma dieta rica em proteínas e sais minerais. O nativo deste signo também pode ser propenso ao reumatismo, anemia, problemas nos joelhos e articulações em geral, envelhecimento precoce, alergias na pele. Esse tipo zodiacal é regido por Saturno, associado ao esforço, trabalho, responsabilidade e disciplina. Precisa aprender a se desligar de seus compromissos profissionais, sair da rotina, relaxar mais, evitar a solidão e procurar o lazer e a alegria também na vida familiar e social.

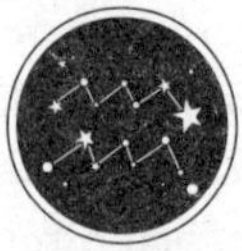

AQUÁRIO: Os aquarianos têm um tipo físico frágil. Facilmente se esquecem de se alimentar ou de cuidar do corpo, pois seus pensamentos e suas ideias são mais interessantes do que as refeições do seu dia a dia. É um tipo zodiacal sensível e inquieto, com tendência a crises de ansiedade e dispersão; assim são indicadas para ele as massagens e técnicas de relaxamento que podem promovem calma e bem-estar físico. Pode ter propensão a problemas circulatórios, aneurismas, taquicardia, insônia, anemia, cãibras e varizes. Como um tipo zodiacal pouco convencional, pode ser adepto da alimentação natural ou vegana, e assim buscar tratamentos nas medicinas alternativas, como acupuntura, reiki ou florais. Para o aquariano são indicadas as caminhadas ao ar livre, exercícios de yoga ou de pilates que estimulam a circulação sanguínea, fortalecem o tônus muscular e, como consequência, propiciam a ele uma postura correta.

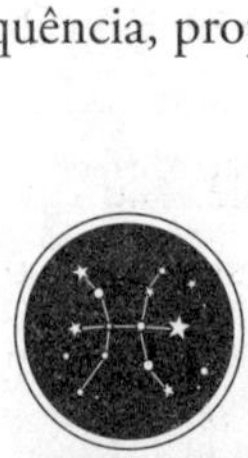

PEIXES: Na anatomia zodiacal, o último dos doze signos rege o sistema linfático, que é o sistema de defesa contra a invasão de vírus e bactérias, assim como a glândula pineal e os pés. Dessa forma, as enfermidades dos indivíduos deste signo podem ser deformações nos pés, tumores, anemia, gripes, intoxicações e falta de vitalidade. Sua acentuada sensibilidade psíquica pode resultar em doenças psíquicas como fobias, pânico ou depressão. Este tipo zodiacal precisa ficar longe da automedicação, das drogas ou do álcool, pois há nele uma acentuada tendência para querer escapar do mundo real. Todas as atividades físicas moderadas são recomendadas, de preferência as relacionadas à água do mar, por seu poder de dissolver energias negativas e restaurar a energia psíquica. As práticas de do-in e shiatsu aplicadas na planta dos pés com óleo de lavanda podem ser igualmente benéficas para este tipo zodiacal.

Prognósticos para 2020 dados pelos Arcanos Maiores do Tarô

Criado na Europa, o Tarô possui 78 cartas, ou seja, são 22 cartas a mais do que o baralho tradicional. Elas estão divididas em 22 Arcanos Maiores e 56 Arcanos Menores, estes distribuídos em 14 peças de Paus, Copas, Espadas e Ouros.

O vocábulo "arcano" tem origem no latim *arcanum*, que significa mistério ou segredo. Cada uma das 22 principais cartas do Tarô encerram em si simbologias únicas que representam estados psicológicos do ser humano pertencentes ao inconsciente coletivo. São os famosos arquétipos, padrões da psique que, se corretamente observados, tornam-se peças-chave das leis universais, capazes de analisar situações do passado, do presente e obter previsões do futuro.

No ano de 2020, a carta regente é a Torre, que simboliza a destruição/a reconstrução. Ou seja, devemos destruir todos os antigos paradigmas para reconstruir devidamente o presente e o futuro. Em particular neste ano, teremos muitas mudanças nos cenários político, econômico e social. Algumas delas serão bastante benéficas quando alguns entraves do passado forem reestruturados.

De maneira geral, 2020 promete ser um ano de muita turbulência: empresas serão fechadas, amores serão desfeitos, novas doenças surgirão, o clima vai mudar de modo drástico... Mas, se tivermos calma e perseverança, o cenário será reconstruído de forma satisfatória. Novas empresas entrarão no mercado, novos romances se formarão, novas técnicas medicinais entrarão em voga e, com a conscientização do ser humano para um mundo mais sustentável, o planeta será um lugar mais agradável para a humanidade.

Com a ajuda dos Arcanos Maiores, seguem as dicas para melhor aproveitamento deste ano. Os meses entram aos pares por se tratar de uma previsão que não vai se alterar antes desse prazo.

- **JANEIRO E FEVEREIRO:** Carta da Justiça. Siga pelo caminho reto; não tolere injustiças nem se isole. Momento muito bom para causas sociais.

- **MARÇO E ABRIL:** Carta do Julgamento. Cada pessoa faz o próprio julgamento para se livrar de coisas negativas e agregar as positivas. Conte com a intuição.

- **MAIO E JUNHO:** Carta do Diabo. Não entre em conflitos amorosos e não caia em tentação. O resultado não será dos melhores. Cuidado com sua saúde; pratique exercícios físicos.

- **JULHO E AGOSTO:** Carta do Enforcado. Para se livrar dos problemas, ande na linha. Muito risco nos negócios e em assuntos que envolvam a justiça. Mantenha o foco e a cautela.

- **SETEMBRO E OUTUBRO:** Carta do Sol. Positividade; tudo parece melhorar. Continue apostando na dinâmica de sua vida. Cuidado com excessos; preze pela alimentação saudável.

- **NOVEMBRO E DEZEMBRO:** Carta da Estrela. Finalize o ano com sua família; comemore... Faça sua estrela brilhar! Novos projetos outrora deixados de lado devem ser revisados.